# ABCs De Quien Soy Diario

## DECRETANDO QUIÉN DICE DIOS QUE SOY YO

### LUCIA M. CLABORN

ISBN 978-1-7372116-5-5

ABC's De Quién Soy Diario, Decretando Quien Dice Dios Que Soy Yo
Por Lucia M. Claborn
Derechos de autor (c) 2021 Lucia M. Claborn por todos los derechos reservados.

Publicado en los Estados Unidos de América
Por Lucia M. Claborn, LLC
2586 Carretera del Condado 165
Moulton, AL 35650
www.LuciaClaborn.com

Carátula de Donna L. Ammons  Un Pincel Con Jesus Estudio de Arte www.ABrushWithJesus.com

Reina-Valera 1960 ® © Sociedades Bíblicas en América Latina, 1960.
Renovado © Sociedades Bíblicas Unidas, 1988. Utilizado con permiso.
Si desea más información visite americanbible.org, unitedbiblesocieties.org,
vivelabiblia.com, unitedbiblesocieties.org/es/casa/

# Dedicación

Este libro está dedicado con amor a tres personas muy especiales en mi vida.

*Tanya Tenica Patxot,* Gracias por inspirarme a reconocer mi dones y talentos, por activarme para cumplir mi destino. Siempre estaré agradecida por tu amistad y el impacto que has tenido en mi vida. Por tu amor por el prójimo y por tu apoyo en conectarme con mi visión.

*Ana E. Gaeta,* Quien, sin su desinteresada ayuda, este libro seguiría siendo solo un sueño y no se hubiera convertido en la realidad que están ahora sosteniendo en sus manos.

Y para su hija, *Jael Abigail Huerta Gaeta,* un miembro de la próxima generación que necesita tener la revelación de QUIÉN fue creada para ser en Cristo, cuando fue entretejida por Dios en el vientre de su madre.

# Tabla De Contenido

Dedicación .................................................................................................... iv
Tabla De Contenido ..................................................................................... vi
Prefacio ........................................................................................................ viii
Notas Sobre Las Declaraciones En Este Cuaderno: ..................................... x
Introducción ................................................................................................. xii
Decretando Quién Soy Comenzando Con La Letra A ................................. 1
Decretando Quién Soy Comenzando Con La Letra B ................................. 17
Decretando Quién Soy Comenzando Con La Letra C ................................. 31
Decretando Quién Soy Comenzando Con La Letra D ................................. 45
Decretando Quién Soy Comenzando Con La Letra E ................................. 57
Decretando Quién Soy Comenzando Con La Letra F .................................. 71
Decretando Quién Soy Comenzando Con La Letra G ................................. 86
Decretando Quién Soy Comenzando Con La Letra H ................................. 98
Decretando Quién Soy Comenzando Con La Letra I ................................... 108
Decretando Quién Soy Comenzando Con La Letra J ................................... 119
Decretando Quién Soy Comenzando Con La Letra K .................................. 127
Decretando Quién Soy Comenzando Con La Letra L ................................... 137
Decretando Quién Soy Comenzando Con La Letra M .................................. 150
Decretando Quién Soy Comenzando Con La Letra N ................................... 165
Decretando Quién Soy Comenzando Con La Letra O ................................... 177
Decretando Quién Soy Comenzando Con La Letra P .................................... 188
Decretando Quién Soy Comenzando Con La Letra Q .................................... 204
Decretando Quién Soy Comenzando Con La Letra R ..................................... 212
Decretando Quién Soy Comenzando Con La Letra S ..................................... 229
Decretando Quién Soy Comenzando Con La Letra T ..................................... 246
Decretando Quién Soy Comenzando Con La Letra U ..................................... 261
Decretando Quién Soy Comenzando Con La Letra V ..................................... 274
Decretando Quién Soy Comenzando Con La Letra W .................................... 284
Decretando Quién Soy Comenzando Con La Letra X ..................................... 301
Decretando Quién Soy Comenzando Con La Letra Y ..................................... 306
Decretando Quién Soy Comenzando Con La Letra Z ..................................... 314
Oracion De Salvacion ..................................................................................... 323
Sobre El Autor: Lucia Claborn ........................................................................ 324
Acerca De Este Libro ....................................................................................... 325
Otros Productos ............................................................................................... 326

# Prefacio

¿Te gustaría estar seguro de que puedes vivir en victoria todos los días? ¡Acompáñame en esta trayectoria mientras te ayudo a alcanzar ese objetivo! Al tener este libro en tus manos, estás sosteniendo las mismas grandes y preciosas promesas que yo he aprendido a esconder en mi corazón. Esas palabras que Dios me dio para decretar diariamente, usarlas para construir mi fe y saber quién dice Dios que soy de acuerdo con Su Carta de Amor para nosotros - la Biblia.

Mientras pronunciaba estos decretos sobre mí y nuestros hijos, obtuvimos mayor revelación de nuestra autoestima y un conocimiento de la certeza que somos valiosos para Dios. ¡Esto nos llevó a vivir una vida de victoria!

Este es el cuaderno de trabajo complementario para el libro: *Los ABCs de Quien Soy – Declarando Quien Dice Dios Que Soy* Este diario te ayudará a ver que eres precios@ en los ojos de Dios, eres dign@ y valios@. Al leer cada decreto y responder las preguntas, estoy segura que llegarás a la misma conclusión que yo. Dios te ama. No eres un error. Tu valor es infinito.

# Notas Sobre Las Declaraciones En Este Cuaderno:

Este cuaderno ha sido traducido del inglés al Español por lo tanto las letras con las que comienza cada decreto concuerdan con las letras y palabras en inglés pero permanecieron estructuradas de esta manera para que se puedan usar en la misma orden que el libro complementario escrito en Ingles.

Como en inglés no existen las palabras femeninas y masculinas este diario contiene mezclas de declaraciones escritas en femenino, otras en masculino y otras con el signo @ para recordarte que se puede usar el masculino o femenino dependiendo de quien lo está leyendo.

La palabra de Dios es para todos y por tanto es mi deseo que cualquier persona que lea esto pueda ver que el decreto es personal y por tanto puedes utilizarlo de la forma más conveniente para ti recordando adecuarlo de manera personal.

# Introducción

Alguna vez te preguntaste si Dios piensa en ti, y si lo hace... ¿Cuáles son los pensamientos que Él tiene para ti? ¿Cómo te llama? ¿Cómo te ve?

Estas son preguntas que me hice a mí misma cuando no conocía a Dios verdaderamente. Me preguntaba si Dios me conocía y si veía las cosas por las que estaba pasando y había pasado. Me preguntaba si Él sabía que estaba preguntándome el *por qué* estaba aquí.

Cuanto más conocía a Dios a través de Su Palabra, más quería saber cómo Él llama a sus hijos. Hice una búsqueda en la Biblia para descubrir cómo ve Él a sus hijos y lo que nos llama como un Padre amoroso.

El amor de Dios por mí fue tan abrumador ya que nunca antes había experimentado este tipo de amor incondicional. A través de mi relación con Papá Dios y Su Palabra, aprendí que era amada, única y especial. ¡Él me hizo de esa manera! ¡Él te hizo a ti de esa manera!

Los versículos de este libro te dirán quién eres y qué tienes de la A a la Z. Esta no es una lista exhaustiva; sin embargo, estos versículos confirman el amor de Dios por ti y *quién* te llama a ser. A medida que revisas las páginas y respondas las preguntas, los beneficios de saber quién eres, de acuerdo con la Palabra de Dios, te ayudarán a comprender mejor lo amad@ que eres, lo especial que eres para él.

Cuando pronuncias la Palabra de Dios sobre ti, tu cónyuge y tus hijos, es como si Dios mismo la estuviera diciendo para ti. Isaías 55:11 dice: *"Así será mi palabra que sale de mi boca: no volverá á mí vacía, antes hará lo que yo quiero, y será prosperada en aquello para que la envié."*

Para caminar en un mayor nivel de autoridad, puedes decretar la Palabra de Dios y es como si un Rey-el Rey Jesús, estuviera haciendo el decreto y todo el poder de Su Reino lo respaldara.

Dios te da instrucciones en Salmo 81:10 con respecto a decretar Su Palabra, *"Yo soy el Señor tu Dios, quien te sacó de la tierra de Egipto. ¡Pruébame! Abre bien la boca, y verás si no la lleno. ¡Recibirás toda la bendición que necesites!!"* – NBV

Un versículo que puse en mis corazón es Romanos 4:17, *"como está escrito: Te he puesto por padre de muchas gentes delante de Dios, a quien creyó, el cual da vida a los muertos, y llama las cosas que no son, como si fuesen."* – RVR1960

Te animo a decretar quién dice Dios que eres de acuerdo con los versículos de este diario. Tómate el tiempo para responder las preguntas de cada versículo y permite que Dios confirme su amor por ti.

A medida que decretas la Palabra de Dios y conoces quién Él dice que eres, tienes el poder sobrenatural del Reino de Dios que da vida a tus palabras, no volverán vacías, sino que cumplirán lo que les envíes a hacer.

Cuanto más declaras la Palabra de Dios con fe, más estarás creando tu futuro, así como el futuro de tu cónyuge e hijos. Obtendrás más conocimiento de la revelación de quién dice Dios que eres y te convertirás en lo que estás declarando sobre ti y tu familia.

¡Derrotarás las mentiras de Satanás en tu mente y afirmarás su derrota para que puedas caminar en victoria todos los días de tu vida!

# Decretando Quién Soy Comenzando Con La Letra A

# Yo Declaro Que Soy La Niña De Los Ojo De Dios.

*Le halló en tierra de desierto, Y en yermo de horrible soledad; Lo trajo alrededor, lo instruyó, Lo guardó como a la niña de su ojo.*
Deuteronomio 32:10

¿Qué conocimiento te reveló Dios en tu corazón al leer este verso en voz alta?

_____

_____

_____

_____

¿Cómo te hace sentir el saber que Dios te ve de esta manera?

_____

_____

_____

_____

Pregúntale a Dios qué quiere revelarte acerca de este versículo y escribe lo que te dice.

_____

_____

_____

_____

# Yo Declaro Que Estoy Abundantemente Llena De Provisión Por Dios.

*Y a Aquel que es poderoso para hacer todas las cosas mucho más abundantemente de lo que pedimos o entendemos, según el poder que actúa en nosotros.*
Efesios 3:20

¿Qué conocimiento te reveló Dios en tu corazón al leer este verso en voz alta?

_____
_____
_____
_____

¿Cómo te hace sentir el saber que Dios te ve de esta manera?

_____
_____
_____
_____

Pregúntale a Dios qué quiere revelarte acerca de este versículo y escribe lo que te dice.

_____
_____
_____
_____

# Yo Declaro Que Estoy Abundando en Acción De Gracias.

*Arraigados y sobreedificados en él, y confirmados en la fe, así como habéis sido enseñados, abundando en acciones de gracias.*
Colosenses 2:7

¿Qué conocimiento te reveló Dios en tu corazón al leer este verso en voz alta?

_____

_____

_____

_____

¿Cómo te hace sentir el saber que Dios te ve de esta manera?

_____

_____

_____

_____

Pregúntale a Dios qué quiere revelarte acerca de este versículo y escribe lo que te dice.

_____

_____

_____

_____

# Yo Declaro Que Como ÉL Es, Así Soy En Este Mundo.

*En esto se ha perfeccionado el amor en nosotros, para que tengamos confianza en el día del juicio; pues como él es, así somos nosotros en este mundo.*
1 Juan 4:17

¿Qué conocimiento te reveló Dios en tu corazón al leer este verso en voz alta?

_____
_____
_____
_____

¿Cómo te hace sentir el saber que Dios te ve de esta manera?

_____
_____
_____
_____

Pregúntale a Dios qué quiere revelarte acerca de este versículo y escribe lo que te dice.

_____
_____
_____
_____

# Yo Declaro Que Soy Acepto En EL Amado.

*Para alabanza de la gloria de su gracia, con la cual nos hizo aceptos en el Amado.*
Efesios 1:6

¿Qué conocimiento te reveló Dios en tu corazón al leer este verso en voz alta?

_____
_____
_____
_____

¿Cómo te hace sentir el saber que Dios te ve de esta manera?

_____
_____
_____
_____

Pregúntale a Dios qué quiere revelarte acerca de este versículo y escribe lo que te dice.

_____
_____
_____
_____
_____

# Yo Declaro Que Soy/Estoy Ungida.

*Pero la unción que vosotros recibisteis de él permanece en vosotros, y no tenéis necesidad de que nadie os enseñe; así como la unción misma os enseña todas las cosas, y es verdadera, y no es mentira,*
*según ella os ha enseñado, permaneced en él.*
1 Juan 2:27

¿Qué conocimiento te reveló Dios en tu corazón al leer este verso en voz alta?

_____
_____
_____
_____

¿Cómo te hace sentir el saber que Dios te ve de esta manera?

_____
_____
_____
_____

Pregúntale a Dios qué quiere revelarte acerca de este versículo y escribe lo que te dice.

_____
_____
_____
_____

# Yo Declaro Que Estoy Aprobada.

*Al que no conoció pecado, por nosotros lo hizo pecado, para que nosotros fuésemos hechos justicia de Dios en él.*
2 Corintios 5:21

¿Qué conocimiento te reveló Dios en tu corazón al leer este verso en voz alta?

_____
_____
_____
_____

¿Cómo te hace sentir el saber que Dios te ve de esta manera?

_____
_____
_____
_____

Pregúntale a Dios qué quiere revelarte acerca de este versículo y escribe lo que te dice.

_____
_____
_____
_____
_____

# Yo Declaro Que Estoy Permaneciendo en Él.

*Y el que guarda sus mandamientos, permanece en Dios,
y Dios en él. Y en esto sabemos que él permanece en nosotros,
por el Espíritu que nos ha dado.*
1 Juan 3:24

¿Qué conocimiento te reveló Dios en tu corazón al leer este verso en voz alta?

_____
_____
_____
_____

¿Cómo te hace sentir el saber que Dios te ve de esta manera?

_____
_____
_____
_____

Pregúntale a Dios qué quiere revelarte acerca de este versículo y escribe lo que te dice.

_____
_____
_____
_____

# Yo Declaro Que Por Nada Estoy Afanos@ (Preocupada/Con Ansiedad)

*Por nada estéis afanosos, sino sean conocidas vuestras peticiones delante de Dios en toda oración y ruego, con acción de gracias.*
Filipenses 4:6

¿Qué conocimiento te reveló Dios en tu corazón al leer este verso en voz alta?

_____
_____
_____
_____

¿Cómo te hace sentir el saber que Dios te ve de esta manera?

_____
_____
_____
_____

Pregúntale a Dios qué quiere revelarte acerca de este versículo y escribe lo que te dice.

_____
_____
_____
_____

# Yo Declaro Que Estoy Viviendo Una Vida En Abundancia.

*El ladrón no viene sino para hurtar y matar y destruir; yo he venido para que tengan vida, y para que la tengan en abundancia.*
Juan 10:10

¿Qué conocimiento te reveló Dios en tu corazón al leer este verso en voz alta?

_____
_____
_____
_____

¿Cómo te hace sentir el saber que Dios te ve de esta manera?

_____
_____
_____
_____

Pregúntale a Dios qué quiere revelarte acerca de este versículo y escribe lo que te dice.

_____
_____
_____
_____

# Yo Declaro Que Estoy Encima Solamente Y No Debajo.

*Te pondrá Jehová por cabeza, y no por cola; y estarás encima solamente, y no estarás debajo, si obedecieres los mandamientos de Jehová tu Dios, que yo te ordeno hoy, para que los guardes y cumplas.*
Deuteronomio 28:13

¿Qué conocimiento te reveló Dios en tu corazón al leer este verso en voz alta?

_____
_____
_____
_____

¿Cómo te hace sentir el saber que Dios te ve de esta manera?

_____
_____
_____
_____

Pregúntale a Dios qué quiere revelarte acerca de este versículo y escribe lo que te dice.

_____
_____
_____
_____

# Yo Declaro Que Soy Maravillosa.

*De parte de Jehová es esto,*
*Y es cosa maravillosa a nuestros ojos.*
Salmo 118:23

¿Qué conocimiento te reveló Dios en tu corazón al leer este verso en voz alta?

_____
_____
_____
_____

¿Cómo te hace sentir el saber que Dios te ve de esta manera?

_____
_____
_____
_____

Pregúntale a Dios qué quiere revelarte acerca de este versículo y escribe lo que te dice.

_____
_____
_____
_____
_____

# Yo Declaro Que Estoy Con Potestad Y Autoridad.

*He aquí os doy potestad de hollar serpientes y escorpiones,
y sobre toda fuerza del enemigo, y nada os dañará.*
Lucas 10:19

¿Qué conocimiento te reveló Dios en tu corazón al leer este verso en voz alta?

_____
_____
_____
_____

¿Cómo te hace sentir el saber que Dios te ve de esta manera?

_____
_____
_____
_____

Pregúntale a Dios qué quiere revelarte acerca de este versículo y escribe lo que te dice.

_____
_____
_____
_____

# Yo Declaro Que Estoy Recibiendo Todas Las Cosas Que Pertenecen A La Vida Y A La Piedad.

*Como todas las cosas que pertenecen a la vida y a la piedad nos han sido dadas por su divino poder, mediante el conocimiento de aquel que nos llamó por su gloria y excelencia.*
2 Pedro 1:3

¿Qué conocimiento te reveló Dios en tu corazón al leer este verso en voz alta?

_____
_____
_____
_____

¿Cómo te hace sentir el saber que Dios te ve de esta manera?

_____
_____
_____
_____

Pregúntale a Dios qué quiere revelarte acerca de este versículo y escribe lo que te dice.

_____
_____
_____
_____

# Yo Declaro Que Soy Perdonada.

*Aquella luz verdadera, que alumbra a todo hombre, venía a este mundo.*
1 Juan 1:9

¿Qué conocimiento te reveló Dios en tu corazón al leer este verso en voz alta?

_____
_____
_____
_____

¿Cómo te hace sentir el saber que Dios te ve de esta manera?

_____
_____
_____
_____

Pregúntale a Dios qué quiere revelarte acerca de este versículo y escribe lo que te dice.

_____
_____
_____
_____

# Decretando Quién Soy Comenzando Con La Letra B

# Yo Declaro Que Soy Bautizad@ Con El Espíritu Santo.

*Pedro les dijo: Arrepentíos, y bautícese cada uno de vosotros en el nombre de Jesucristo para perdón de los pecados; y recibiréis el don del Espíritu Santo.*
Hechos 2:38

¿Qué conocimiento te reveló Dios en tu corazón al leer este verso en voz alta?

_____
_____
_____
_____

¿Cómo te hace sentir el saber que Dios te ve de esta manera?

_____
_____
_____
_____

Pregúntale a Dios qué quiere revelarte acerca de este versículo y escribe lo que te dice.

_____
_____
_____
_____

# Yo Declaro Que Soy Esposa De Cristo.

*Porque os celo con celo de Dios; pues os he desposado con un solo esposo, para presentaros como una virgen pura a Cristo.*
2 Corintios 11:2

¿Qué conocimiento te reveló Dios en tu corazón al leer este verso en voz alta?

_____
_____
_____
_____

¿Cómo te hace sentir el saber que Dios te ve de esta manera?

_____
_____
_____
_____

Pregúntale a Dios qué quiere revelarte acerca de este versículo y escribe lo que te dice.

_____
_____
_____
_____

# Yo Declaro Que Soy Creyente.

*De cierto, de cierto os digo: El que cree en mí, tiene vida eterna.*
*Juan 6:47*

¿Qué conocimiento te reveló Dios en tu corazón al leer este verso en voz alta?

_____
_____
_____
_____

¿Cómo te hace sentir el saber que Dios te ve de esta manera?

_____
_____
_____
_____

Pregúntale a Dios qué quiere revelarte acerca de este versículo y escribe lo que te dice.

_____
_____
_____
_____

# Yo Declaro Que Estoy Sepultado con Cristo.

*Porque somos sepultados juntamente con él para muerte por el bautismo, a fin de que como Cristo resucitó d los muertos por la gloria del Padre, así también nosotros andemos en vida nueva.*
Romanos 6:4

¿Qué conocimiento te reveló Dios en tu corazón al leer este verso en voz alta?

_____
_____
_____
_____

¿Cómo te hace sentir el saber que Dios te ve de esta manera?

_____
_____
_____
_____

Pregúntale a Dios qué quiere revelarte acerca de este versículo y escribe lo que te dice.

_____
_____
_____
_____

# Yo Declaro Que Soy Comprada Por Cristo.

*Porque habéis sido comprados por precio; glorificad, pues,
a Dios en vuestro cuerpo y en vuestro espíritu, los cuales son de Dios.*
1 Corintios 6:20

¿Qué conocimiento te reveló Dios en tu corazón al leer este verso en voz alta?

_____
_____
_____
_____

¿Cómo te hace sentir el saber que Dios te ve de esta manera?

_____
_____
_____
_____

Pregúntale a Dios qué quiere revelarte acerca de este versículo y escribe lo que te dice.

_____
_____
_____
_____

# Yo Declaro Que Soy Renacida De Simiente Incorruptible.

*Siendo renacidos, no de simiente corruptible, sino de incorruptible, por la palabra de Dios que vive y permanece para siempre.*
1 Pedro 1:23

¿Qué conocimiento te reveló Dios en tu corazón al leer este verso en voz alta?

_____
_____
_____
_____

¿Cómo te hace sentir el saber que Dios te ve de esta manera?

_____
_____
_____
_____

Pregúntale a Dios qué quiere revelarte acerca de este versículo y escribe lo que te dice.

_____
_____
_____
_____

# Yo Declaro Que Soy Nacida De Dios.

*Amados, amémonos unos a otros; porque el amor es de Dios.
Todo aquel que ama, es nacido de Dios, y conoce a Dios.*
1 Juan 4:7

¿Qué conocimiento te reveló Dios en tu corazón al leer este verso en voz alta?

_____
_____
_____
_____

¿Cómo te hace sentir el saber que Dios te ve de esta manera?

_____
_____
_____
_____

Pregúntale a Dios qué quiere revelarte acerca de este versículo y escribe lo que te dice.

_____
_____
_____
_____

# Yo Declaro Que Estoy Siendo Conformada A La Imagen De Cristo.

*Porque a los que antes conoció, también los predestinó para que fuesen hechos conformes a la imagen de su Hijo, para que él sea el primogénito entre muchos hermanos.*
Romanos 8:29

¿Qué conocimiento te reveló Dios en tu corazón al leer este verso en voz alta?

_____
_____
_____
_____

¿Cómo te hace sentir el saber que Dios te ve de esta manera?

_____
_____
_____
_____

Pregúntale a Dios qué quiere revelarte acerca de este versículo y escribe lo que te dice.

_____
_____
_____
_____

# Yo Declaro Que Estoy Llena De Libertad.

*Así que, hermanos, teniendo libertad para entrar en el Lugar Santísimo por la sangre de Jesucristo.*
Hebreos 10:19

¿Qué conocimiento te reveló Dios en tu corazón al leer este verso en voz alta?

_____
_____
_____
_____

¿Cómo te hace sentir el saber que Dios te ve de esta manera?

_____
_____
_____
_____

Pregúntale a Dios qué quiere revelarte acerca de este versículo y escribe lo que te dice.

_____
_____
_____
_____
_____

# Yo Declaro Que Soy Fiel.

*Pero nosotros no somos de los que retroceden para perdición, sino de los que tienen fe para preservación del alma.*
Hebreos 10:39

¿Qué conocimiento te reveló Dios en tu corazón al leer este verso en voz alta?

_____
_____
_____
_____

¿Cómo te hace sentir el saber que Dios te ve de esta manera?

_____
_____
_____
_____

Pregúntale a Dios qué quiere revelarte acerca de este versículo y escribe lo que te dice.

_____
_____
_____
_____

# Yo Declaro Que Soy Bendecida.

*De modo que los de la fe son bendecidos con el creyente Abraham.*
*Gálatas 3:9*

¿Qué conocimiento te reveló Dios en tu corazón al leer este verso en voz alta?

_____
_____
_____
_____

¿Cómo te hace sentir el saber que Dios te ve de esta manera?

_____
_____
_____
_____

Pregúntale a Dios qué quiere revelarte acerca de este versículo y escribe lo que te dice.

_____
_____
_____
_____

# Yo Declaro Que Soy Amada De Dios.

*A todos los que estáis en Roma, amados de Dios, llamados a ser santos: Gracia y paz a vosotros, de Dios nuestro Padre y del Señor Jesucristo.*
Romanos 1:7

¿Qué conocimiento te reveló Dios en tu corazón al leer este verso en voz alta?

_____
_____
_____
_____

¿Cómo te hace sentir el saber que Dios te ve de esta manera?

_____
_____
_____
_____

Pregúntale a Dios qué quiere revelarte acerca de este versículo y escribe lo que te dice.

_____
_____
_____
_____

# Yo Declaro Que Creo En El Dia Del Juicio.

*En esto se ha perfeccionado el amor en nosotros, para que tengamos confianza en el día del juicio; pues como él es, así somos nosotros en este mundo.*
1 Juan 4:17

¿Qué conocimiento te reveló Dios en tu corazón al leer este verso en voz alta?

_____
_____
_____
_____

¿Cómo te hace sentir el saber que Dios te ve de esta manera?

_____
_____
_____
_____

Pregúntale a Dios qué quiere revelarte acerca de este versículo y escribe lo que te dice.

_____
_____
_____
_____

# Decretando Quién Soy Comenzando Con La Letra C

# Yo Declaro Que Soy Hija De La Promesa.

*Esto es: No los que son hijos según la carne son los hijos de Dios, sino que los que son hijos según la promesa son contados como descendientes.*
Romanos 9:8

¿Qué conocimiento te reveló Dios en tu corazón al leer este verso en voz alta?

_____
_____
_____
_____

¿Cómo te hace sentir el saber que Dios te ve de esta manera?

_____
_____
_____
_____

Pregúntale a Dios qué quiere revelarte acerca de este versículo y escribe lo que te dice.

_____
_____
_____
_____

# Yo Declaro Que Estoy llena de Confianza En La Buena Obra Que Comenzó Y Perfeccionará En Mí.

*Estando persuadido de esto, que el que comenzó en vosotros
la buena obra, la perfeccionará hasta el día de Jesucrist.*
Filipenses 1:6

¿Qué conocimiento te reveló Dios en tu corazón al leer este verso en voz alta?

_____
_____
_____
_____

¿Cómo te hace sentir el saber que Dios te ve de esta manera?

_____
_____
_____
_____

Pregúntale a Dios qué quiere revelarte acerca de este versículo y escribe lo que te dice.

_____
_____
_____
_____
_____

# Yo Declaro Que Soy Escogida.

*Según nos escogió en él antes de la fundación del mundo, para que fuésemos santos y sin mancha delante de él.*
Efesios 1:4

¿Qué conocimiento te reveló Dios en tu corazón al leer este verso en voz alta?

_____
_____
_____
_____

¿Cómo te hace sentir el saber que Dios te ve de esta manera?

_____
_____
_____
_____

Pregúntale a Dios qué quiere revelarte acerca de este versículo y escribe lo que te dice.

_____
_____
_____
_____

# Yo Declaro Que Soy Llamada.

*Y a los que predestinó, a éstos también llamó; y a los que llamó, a éstos también justificó; y a los que justificó, a éstos también glorificó.*
Romanos 8:30

¿Qué conocimiento te reveló Dios en tu corazón al leer este verso en voz alta?

_____
_____
_____
_____

¿Cómo te hace sentir el saber que Dios te ve de esta manera?

_____
_____
_____
_____

Pregúntale a Dios qué quiere revelarte acerca de este versículo y escribe lo que te dice.

_____
_____
_____
_____
_____

# Yo Declaro Que Soy Hija De Dios.

*Y si hijos, también herederos; herederos de Dios y coherederos
con Cristo, si es que padecemos juntamente con él,
para que juntamente con él seamos glorificados.*
Romanos 8:17

¿Qué conocimiento te reveló Dios en tu corazón al leer este verso en voz alta?

_____
_____
_____
_____

¿Cómo te hace sentir el saber que Dios te ve de esta manera?

_____
_____
_____
_____

Pregúntale a Dios qué quiere revelarte acerca de este versículo y escribe lo que te dice.

_____
_____
_____
_____

# Yo Declaro Que Estoy Crucificada Con Cristo.

*Con Cristo estoy juntamente crucificado, y ya no vivo yo, mas vive Cristo en mí; y lo que ahora vivo en la carne, lo vivo en la fe del Hij de Dios, el cual me amó y se entregó a sí mismo por mí.*
Gálatas 2:20

¿Qué conocimiento te reveló Dios en tu corazón al leer este verso en voz alta?

_____
_____
_____
_____

¿Cómo te hace sentir el saber que Dios te ve de esta manera?

_____
_____
_____
_____

Pregúntale a Dios qué quiere revelarte acerca de este versículo y escribe lo que te dice.

_____
_____
_____
_____

# Yo Declaro Que Estoy Completada En El.

*Y vosotros estáis completos en él, que es la cabeza de todo principado y potestad.*
Colosenses 2:10

¿Qué conocimiento te reveló Dios en tu corazón al leer este verso en voz alta?

_____
_____
_____
_____

¿Cómo te hace sentir el saber que Dios te ve de esta manera?

_____
_____
_____
_____

Pregúntale a Dios qué quiere revelarte acerca de este versículo y escribe lo que te dice.

_____
_____
_____
_____
_____

# Yo Declaro Que Soy Ciudadana Del Cielo.

*Mas nuestra ciudadanía está en los cielos, de donde también esperamos al Salvador, al Señor Jesucristo.*
Filipenses 3:20

¿Qué conocimiento te reveló Dios en tu corazón al leer este verso en voz alta?

_____
_____
_____
_____

¿Cómo te hace sentir el saber que Dios te ve de esta manera?

_____
_____
_____
_____

Pregúntale a Dios qué quiere revelarte acerca de este versículo y escribe lo que te dice.

_____
_____
_____
_____

# Yo Declaro Que Estoy Vestida De Justicia.

*Estad, pues, firmes, ceñidos vuestros lomos con la verdad,
y vestidos con la coraza de justicia.*
Efesios 6:14

¿Qué conocimiento te reveló Dios en tu corazón al leer este verso en voz alta?

_____
_____
_____
_____

¿Cómo te hace sentir el saber que Dios te ve de esta manera?

_____
_____
_____
_____

Pregúntale a Dios qué quiere revelarte acerca de este versículo y escribe lo que te dice.

_____
_____
_____
_____

# Yo Declaro Que Estoy Creada conforme a Dios.

*Y vestíos del nuevo hombre, creado según Dios en la justiciar y santidad de la verdad.*
Efesios 4:24

¿Qué conocimiento te reveló Dios en tu corazón al leer este verso en voz alta?

_____
_____
_____
_____

¿Cómo te hace sentir el saber que Dios te ve de esta manera?

_____
_____
_____
_____

Pregúntale a Dios qué quiere revelarte acerca de este versículo y escribe lo que te dice.

_____
_____
_____
_____
_____

# Yo Declaro Que Soy Una Conquistadora.

*Mas gracias sean dadas a Dios, que nos da la victoria por medio de nuestro Señor Jesucristo.*
1 Corintios 15:57

¿Qué conocimiento te reveló Dios en tu corazón al leer este verso en voz alta?

_____
_____
_____
_____

¿Cómo te hace sentir el saber que Dios te ve de esta manera?

_____
_____
_____
_____

Pregúntale a Dios qué quiere revelarte acerca de este versículo y escribe lo que te dice.

_____
_____
_____
_____

# Yo Declaro Que Soy Limpia De Todo Pecado.

*Pero si andamos en luz, como él está en luz, tenemos comunión unos con otros, y la sangre de Jesucristo su Hijo nos limpia de todo pecado.*
1 Juan 1:7

¿Qué conocimiento te reveló Dios en tu corazón al leer este verso en voz alta?

_____
_____
_____
_____

¿Cómo te hace sentir el saber que Dios te ve de esta manera?

_____
_____
_____
_____

Pregúntale a Dios qué quiere revelarte acerca de este versículo y escribe lo que te dice.

_____
_____
_____
_____

# Yo Declaro Que Estoy Llamando Todas Las Cosas Que No Son, Como Las Que Son.

*(Como está escrito: Te he puesto por padre de muchas gentes delante de Dios, a quien creyó, el cual da vida a los muertos, y llama las cosas que no son, como si fuesen.*
Romanos 4:17

¿Qué conocimiento te reveló Dios en tu corazón al leer este verso en voz alta?

_____
_____
_____
_____

¿Cómo te hace sentir el saber que Dios te ve de esta manera?

_____
_____
_____
_____

Pregúntale a Dios qué quiere revelarte acerca de este versículo y escribe lo que te dice.

_____
_____
_____
_____

# Decretando Quién Soy Comenzando Con La Letra D

# Yo Declaro Que Estoy Librada De Las Tinieblas.

*El cual nos ha librado de la potestad de las tinieblas,
y trasladado al reino de su amado Hijo.*
Colosenses 1:13

¿Qué conocimiento te reveló Dios en tu corazón al leer este verso en voz alta?

_____
_____
_____
_____

¿Cómo te hace sentir el saber que Dios te ve de esta manera?

_____
_____
_____
_____

Pregúntale a Dios qué quiere revelarte acerca de este versículo y escribe lo que te dice.

_____
_____
_____
_____

# Yo Declaro Que Estoy Muerto A La Ley.

*Así también vosotros, hermanos míos, habéis muerto a la
ley mediante el cuerpo de Cristo, para que seáis de otro,
del que resucitó de los muertos, a fin de que llevemos fruto para Dios.*
Romanos 7:4

¿Qué conocimiento te reveló Dios en tu corazón al leer este verso en voz alta?

_____
_____
_____
_____

¿Cómo te hace sentir el saber que Dios te ve de esta manera?

_____
_____
_____
_____

Pregúntale a Dios qué quiere revelarte acerca de este versículo y escribe lo que te dice.

_____
_____
_____
_____

# Yo Declaro Que Ya No Estoy Más Bajo La Ley, Sino En La Gracia.

*Porque el pecado no se enseñoreará de vosotros
pues no estáis bajo la ley, sino bajo la gracia.*
Romanos 6:14

¿Qué conocimiento te reveló Dios en tu corazón al leer este verso en voz alta?

_____
_____
_____
_____

¿Cómo te hace sentir el saber que Dios te ve de esta manera?

_____
_____
_____
_____

Pregúntale a Dios qué quiere revelarte acerca de este versículo y escribe lo que te dice.

_____
_____
_____
_____
_____

# Yo Declaro Que Estoy Vestida De La Armadura De Dios.

*Vestíos de toda la armadura de Dios, para que podáis estar firmes contra las asechanzas del diablo.*
Efesios 6:11

¿Qué conocimiento te reveló Dios en tu corazón al leer este verso en voz alta?

_____
_____
_____
_____

¿Cómo te hace sentir el saber que Dios te ve de esta manera?

_____
_____
_____
_____

Pregúntale a Dios qué quiere revelarte acerca de este versículo y escribe lo que te dice.

_____
_____
_____
_____
_____

# Yo Declaro Que Soy Disciplinada.

*Sino que golpeo mi cuerpo, y lo pongo en servidumbre,
no sea que habiendo sido heraldo para otros,
yo mismo venga a ser eliminado.*
1 Corintios 9:27

¿Qué conocimiento te reveló Dios en tu corazón al leer este verso en voz alta?

_____
_____
_____
_____

¿Cómo te hace sentir el saber que Dios te ve de esta manera?

_____
_____
_____
_____

Pregúntale a Dios qué quiere revelarte acerca de este versículo y escribe lo que te dice.

_____
_____
_____
_____

# Yo Declaro Que Estoy Rescatada Del Mal De Este Siglo.

*El cual se dio a sí mismo por nuestros pecados para librarnos
del presente siglo malo, conforme a la voluntad de nuestro Dios y Padre.*
Gálatas 1:4

¿Qué conocimiento te reveló Dios en tu corazón al leer este verso en voz alta?

_____
_____
_____
_____

¿Cómo te hace sentir el saber que Dios te ve de esta manera?

_____
_____
_____
_____

Pregúntale a Dios qué quiere revelarte acerca de este versículo y escribe lo que te dice.

_____
_____
_____
_____

# Yo Declaro Que Estoy Haciendo Las Obras Del Padre.

*De cierto, de cierto os digo: El que en mí cree, las obras que yo hago, él las hará también; y aun mayores hará, porque yo voy al Padre.*
Juan 14:12

¿Qué conocimiento te reveló Dios en tu corazón al leer este verso en voz alta?

_____
_____
_____
_____

¿Cómo te hace sentir el saber que Dios te ve de esta manera?

_____
_____
_____
_____

Pregúntale a Dios qué quiere revelarte acerca de este versículo y escribe lo que te dice.

_____
_____
_____
_____
_____

# Yo Declaro Que Estoy Muerta Al Pecado.

*De ninguna manera. Porque los que hemos muerto al pecado, ¿cómo viviremos aún en él?*
Romanos 6:2

¿Qué conocimiento te reveló Dios en tu corazón al leer este verso en voz alta?

_____
_____
_____
_____

¿Cómo te hace sentir el saber que Dios te ve de esta manera?

_____
_____
_____
_____

Pregúntale a Dios qué quiere revelarte acerca de este versículo y escribe lo que te dice.

_____
_____
_____
_____

# Yo Declaro Que Estoy Caminando En Dominio.

*Entonces dijo Dios: Hagamos al hombre a nuestra imagen, conforme a nuestra semejanza; y señoree en los peces del mar, en las aves de los cielos, en las bestias, en toda la tierra, y en todo animal que se arrastra sobre la tierra.*
Génesis 1:26

¿Qué conocimiento te reveló Dios en tu corazón al leer este verso en voz alta?

_____
_____
_____
_____

¿Cómo te hace sentir el saber que Dios te ve de esta manera?

_____
_____
_____
_____

Pregúntale a Dios qué quiere revelarte acerca de este versículo y escribe lo que te dice.

_____
_____
_____
_____

# Yo Declaro Que Estoy Andando En La Luz.

*Entonces Jesús les dijo: Aún por un poco está la luz entre vosotros; andad entre tanto que tenéis luz, para que no os sorprendan las tinieblas; porque el que anda en tinieblas, no sabe a dónde va.*
Juan 12:35

¿Qué conocimiento te reveló Dios en tu corazón al leer este verso en voz alta?

_____
_____
_____
_____

¿Cómo te hace sentir el saber que Dios te ve de esta manera?

_____
_____
_____
_____

Pregúntale a Dios qué quiere revelarte acerca de este versículo y escribe lo que te dice.

_____
_____
_____
_____

# Yo Declaro Que No Estoy Dando lugar al Diablo.

*Ni deis lugar al diablo.*
Efesios 4:27

¿Qué conocimiento te reveló Dios en tu corazón al leer este verso en voz alta?

_____
_____
_____
_____

¿Cómo te hace sentir el saber que Dios te ve de esta manera?

_____
_____
_____
_____

Pregúntale a Dios qué quiere revelarte acerca de este versículo y escribe lo que te dice.

_____
_____
_____
_____

# Decretando Quién Soy Comenzando Con La Letra E

# Yo Declaro Que Estoy Establecida en La Fe.

*Arraigados y sobreedificados en él, y confirmados en la fe, así como habéis sido enseñados, abundando en acciones de gracias.*
Colosenses 2:7

¿Qué conocimiento te reveló Dios en tu corazón al leer este verso en voz alta?

_____
_____
_____
_____
_____

¿Cómo te hace sentir el saber que Dios te ve de esta manera?

_____
_____
_____
_____
_____

Pregúntale a Dios qué quiere revelarte acerca de este versículo y escribe lo que te dice.

_____
_____
_____
_____
_____

# Yo Declaro Que Estoy Animada En La Alegría.

*El que exhorta, en la exhortación; el que reparte, con liberalidad; el que preside, con solicitud; el que hace misericordia, con alegría.*
Romanos 12:8

¿Qué conocimiento te reveló Dios en tu corazón al leer este verso en voz alta?

_____
_____
_____
_____

¿Cómo te hace sentir el saber que Dios te ve de esta manera?

_____
_____
_____
_____

Pregúntale a Dios qué quiere revelarte acerca de este versículo y escribe lo que te dice.

_____
_____
_____
_____

# Yo Declaro Que Estoy Enriquecida en La Fe.

*Porque en todas las cosas fuisteis enriquecidos en él, en toda palabra y en toda ciencia.*
1 Corintios 1:5

¿Qué conocimiento te reveló Dios en tu corazón al leer este verso en voz alta?

_____
_____
_____
_____

¿Cómo te hace sentir el saber que Dios te ve de esta manera?

_____
_____
_____
_____

Pregúntale a Dios qué quiere revelarte acerca de este versículo y escribe lo que te dice.

_____
_____
_____
_____
_____

# Yo Declaro Que Estoy Empoderada.

*Por lo demás, hermanos míos, fortaleceos en el Señor,
y en el poder de su fuerza.*
Efesios 6:10

¿Qué conocimiento te reveló Dios en tu corazón al leer este verso en voz alta?

_____
_____
_____
_____

¿Cómo te hace sentir el saber que Dios te ve de esta manera?

_____
_____
_____
_____

Pregúntale a Dios qué quiere revelarte acerca de este versículo y escribe lo que te dice.

_____
_____
_____
_____

# Yo Declaro Que Estoy Equipada.

*A fin de que el hombre de Dios sea perfecto, enteramente preparado para toda buena obra.*
2 Timoteo 3:17

¿Qué conocimiento te reveló Dios en tu corazón al leer este verso en voz alta?

_____
_____
_____
_____

¿Cómo te hace sentir el saber que Dios te ve de esta manera?

_____
_____
_____
_____

Pregúntale a Dios qué quiere revelarte acerca de este versículo y escribe lo que te dice.

_____
_____
_____
_____

# Yo Declaro Que Soy Elegida De Dios.

*Vestíos, pues, como escogidos de Dios, santos y amados, de entrañable misericordia, de benignidad, de humildad, de mansedumbre, de paciencia.*
Colosenses 3:12

¿Qué conocimiento te reveló Dios en tu corazón al leer este verso en voz alta?

_____
_____
_____
_____

¿Cómo te hace sentir el saber que Dios te ve de esta manera?

_____
_____
_____
_____

Pregúntale a Dios qué quiere revelarte acerca de este versículo y escribe lo que te dice.

_____
_____
_____
_____

# Yo Declaro Que Soy Gobernador En Buenas Obras.

*Palabra fiel es esta, y en estas cosas quiero que insistas con firmeza, Para que los que creen en Dios procuren ocuparse en buenas obras. Estas cosas son buenas y útiles a los hombres.*
Tito 3:8

¿Qué conocimiento te reveló Dios en tu corazón al leer este verso en voz alta?

_____
_____
_____
_____

¿Cómo te hace sentir el saber que Dios te ve de esta manera?

_____
_____
_____
_____

Pregúntale a Dios qué quiere revelarte acerca de este versículo y escribe lo que te dice.

_____
_____
_____
_____

# Yo Declaro Que Estoy Entusiasmada.

*El que exhorta, en la exhortación; el que reparte, con liberalidad; el que preside, con solicitud; el que hace misericordia, con alegría.*
Romanos 12:8

¿Qué conocimiento te reveló Dios en tu corazón al leer este verso en voz alta?

_____
_____
_____
_____

¿Cómo te hace sentir el saber que Dios te ve de esta manera?

_____
_____
_____
_____

Pregúntale a Dios qué quiere revelarte acerca de este versículo y escribe lo que te dice.

_____
_____
_____
_____

# Yo Declaro Que Estoy Establecida Hasta El Fin.

*El cual también os confirmará hasta el fin, para que seáis irreprensibles en el día de nuestro Señor Jesucristo.*
1 Corintios 1:8

¿Qué conocimiento te reveló Dios en tu corazón al leer este verso en voz alta?

_____
_____
_____
_____

¿Cómo te hace sentir el saber que Dios te ve de esta manera?

_____
_____
_____
_____

Pregúntale a Dios qué quiere revelarte acerca de este versículo y escribe lo que te dice.

_____
_____
_____
_____

# Yo Declaro Que Tengo Vida Eterna.

*De cierto, de cierto os digo: El que oye mi palabra, y cree al que me envió, tiene vida eterna; y no vendrá a condenación, mas ha pasado de muerte a vida.*
Juan 5:24

¿Qué conocimiento te reveló Dios en tu corazón al leer este verso en voz alta?

_____
_____
_____
_____

¿Cómo te hace sentir el saber que Dios te ve de esta manera?

_____
_____
_____
_____

Pregúntale a Dios qué quiere revelarte acerca de este versículo y escribe lo que te dice.

_____
_____
_____
_____
_____

# Yo Declaro Que Tengo A Todos Mis Enemigos Huyendo.

*Jehová derrotará a tus enemigos que se levantaren contra ti; por un camino saldrán contra ti, y por siete caminos huirán de delante de ti.*
*Deuteronomio 28:7*

¿Qué conocimiento te reveló Dios en tu corazón al leer este verso en voz alta?

_____
_____
_____
_____

¿Cómo te hace sentir el saber que Dios te ve de esta manera?

_____
_____
_____
_____

Pregúntale a Dios qué quiere revelarte acerca de este versículo y escribe lo que te dice.

_____
_____
_____
_____

# Yo Declaro Que Tengo Eterna Redención.

*Y no por sangre de machos cabríos ni de becerros, sino por su propia sangre, entró una vez para siempre en el Lugar Santísimo, habiendo obtenido eterna redención.*
*Hebreos 9:12*

¿Qué conocimiento te reveló Dios en tu corazón al leer este verso en voz alta?

_____
_____
_____
_____

¿Cómo te hace sentir el saber que Dios te ve de esta manera?

_____
_____
_____
_____

Pregúntale a Dios qué quiere revelarte acerca de este versículo y escribe lo que te dice.

_____
_____
_____
_____

# Yo Declaro Que Tengo Vida Eterna Y Ya No Estoy En Muerte, Mas en Verdadera Vida.

*Y esta es la vida eterna: que te conozcan a ti, el único Dios verdadero, y a Jesucristo, a quien has enviado.*
Juan 17:3

¿Qué conocimiento te reveló Dios en tu corazón al leer este verso en voz alta?

_____
_____
_____
_____

¿Cómo te hace sentir el saber que Dios te ve de esta manera?

_____
_____
_____
_____

Pregúntale a Dios qué quiere revelarte acerca de este versículo y escribe lo que te dice.

_____
_____
_____
_____

# Decretando Quién Soy Comenzando Con La Letra F

# Yo Declaro Que Estoy Financieramente Bendecida.

*Porque ya conocéis la gracia de nuestro Señor Jesucristo, que por amor a vosotros se hizo pobre, siendo rico, para que vosotros con su pobreza fueseis enriquecidos.*
2 Corintios 8:9

¿Qué conocimiento te reveló Dios en tu corazón al leer este verso en voz alta?

_____
_____
_____
_____

¿Cómo te hace sentir el saber que Dios te ve de esta manera?

_____
_____
_____
_____

Pregúntale a Dios qué quiere revelarte acerca de este versículo y escribe lo que te dice.

_____
_____
_____
_____

# Yo Declaro Que Soy Cohereder@ Con Cristo.

*Y si hijos, también herederos; herederos de Dios y coherederos con Cristo, si es que padecemos juntamente con él, para que juntamente con él seamos glorificados.*
Romanos 8:17

¿Qué conocimiento te reveló Dios en tu corazón al leer este verso en voz alta?

_____
_____
_____
_____

¿Cómo te hace sentir el saber que Dios te ve de esta manera?

_____
_____
_____
_____

Pregúntale a Dios qué quiere revelarte acerca de este versículo y escribe lo que te dice.

_____
_____
_____
_____

# Yo Declaro Que Estoy En Plena Certidumbre De Fe.

*Acerquémonos con corazón sincero, en plena certidumbre de fe, purificados los corazones de mala conciencia, y lavados los cuerpos con agua pura.*
Hebreos 10:22

¿Qué conocimiento te reveló Dios en tu corazón al leer este verso en voz alta?

_____
_____
_____
_____

¿Cómo te hace sentir el saber que Dios te ve de esta manera?

_____
_____
_____
_____

Pregúntale a Dios qué quiere revelarte acerca de este versículo y escribe lo que te dice.

_____
_____
_____
_____

# Yo Declaro Que Estoy Perdonada.

*Y a vosotros, estando muertos en pecados y en la incircuncisión de vuestra carne, os dio vida juntamente con él, perdonándoos todos los pecados.*
Colosenses 2:13

¿Qué conocimiento te reveló Dios en tu corazón al leer este verso en voz alta?

_____
_____
_____
_____

¿Cómo te hace sentir el saber que Dios te ve de esta manera?

_____
_____
_____
_____

Pregúntale a Dios qué quiere revelarte acerca de este versículo y escribe lo que te dice.

_____
_____
_____
_____

# Yo Declaro Que Soy Libre.

*Y librar a todos los que por el temor de la muerte estaban durante toda la vida sujetos a servidumbre.*
Hebreos 2:15

¿Qué conocimiento te reveló Dios en tu corazón al leer este verso en voz alta?

_____
_____
_____
_____

¿Cómo te hace sentir el saber que Dios te ve de esta manera?

_____
_____
_____
_____

Pregúntale a Dios qué quiere revelarte acerca de este versículo y escribe lo que te dice.

_____
_____
_____
_____

# Yo Declaro Que Soy Verdaderamente Libre.

*Así que, si el Hijo os libertare, seréis verdaderamente libres.*
Juan 8:36

¿Qué conocimiento te reveló Dios en tu corazón al leer este verso en voz alta?

___
___
___
___

¿Cómo te hace sentir el saber que Dios te ve de esta manera?

___
___
___
___

Pregúntale a Dios qué quiere revelarte acerca de este versículo y escribe lo que te dice.

___
___
___
___

# Yo Declaro Que Soy Fiel Seguidora De Cristo, Llamada Y Elegida.

*Pelearán contra el Cordero, y el Cordero los vencerá, porque él es Señor de señores y Rey de reyes; y los que están con él son llamados y elegidos y fieles.*
Apocalipsis 17:14

¿Qué conocimiento te reveló Dios en tu corazón al leer este verso en voz alta?

_____
_____
_____
_____

¿Cómo te hace sentir el saber que Dios te ve de esta manera?

_____
_____
_____
_____

Pregúntale a Dios qué quiere revelarte acerca de este versículo y escribe lo que te dice.

_____
_____
_____
_____

# Yo Declaro Que Soy Perdonada Y Limpiada De Toda Maldad.

*Si confesamos nuestros pecados, él es fiel y justo para perdonar nuestros pecados, y limpiarnos de toda maldad.*
1 Juan 1:9

¿Qué conocimiento te reveló Dios en tu corazón al leer este verso en voz alta?

_____
_____
_____
_____

¿Cómo te hace sentir el saber que Dios te ve de esta manera?

_____
_____
_____
_____

Pregúntale a Dios qué quiere revelarte acerca de este versículo y escribe lo que te dice.

_____
_____
_____
_____

# Yo Declaro Que Estoy Llena Del Espíritu Santo.

*Y fueron todos llenos del Espíritu Santo, y comenzaron a hablar en otras lenguas, según el Espíritu les daba que hablasen.*
Hechos 2:4

¿Qué conocimiento te reveló Dios en tu corazón al leer este verso en voz alta?

_____
_____
_____
_____

¿Cómo te hace sentir el saber que Dios te ve de esta manera?

_____
_____
_____
_____

Pregúntale a Dios qué quiere revelarte acerca de este versículo y escribe lo que te dice.

_____
_____
_____
_____
_____

# Yo Declaro Que Estoy Llena de Entendimiento.

*Mi boca hablará sabiduría,
Y el pensamiento de mi corazón inteligencia.*
Salmo 49:3

¿Qué conocimiento te reveló Dios en tu corazón al leer este verso en voz alta?

_____
_____
_____
_____

¿Cómo te hace sentir el saber que Dios te ve de esta manera?

_____
_____
_____
_____

Pregúntale a Dios qué quiere revelarte acerca de este versículo y escribe lo que te dice.

_____
_____
_____
_____

# Yo Declaro Que Soy Libre De Condenación.

*Ahora, pues, ninguna condenación hay para los que está en Cristo Jesús, los que no andan conforme a l carne, sino conforme al Espíritu.*
Romanos 8:1

¿Qué conocimiento te reveló Dios en tu corazón al leer este verso en voz alta?

_____
_____
_____
_____

¿Cómo te hace sentir el saber que Dios te ve de esta manera?

_____
_____
_____
_____

Pregúntale a Dios qué quiere revelarte acerca de este versículo y escribe lo que te dice.

_____
_____
_____
_____

# Yo Declaro Que Estoy Caminando En Gracia Para Con Dios Y Con Los Hombres.

*Y Jesús crecía en sabiduría y en estatura, y en gracia para con Dios y los hombres.*
Lucas 2:52

¿Qué conocimiento te reveló Dios en tu corazón al leer este verso en voz alta?

_____
_____
_____
_____

¿Cómo te hace sentir el saber que Dios te ve de esta manera?

_____
_____
_____
_____

Pregúntale a Dios qué quiere revelarte acerca de este versículo y escribe lo que te dice.

_____
_____
_____
_____

# Yo Declaro Que Estoy Usando La Fe Que Vence Al Mundo.

*Porque todo lo que es nacido de Dios vence al mundo; y esta es la victoria que ha vencido al mundo, nuestra fe. ¿Quién es el que vence al mundo, sino el que cree que Jesús es el Hijo de Dios?*
1 Juan 5:4-5

¿Qué conocimiento te reveló Dios en tu corazón al leer este verso en voz alta?

_____
_____
_____
_____

¿Cómo te hace sentir el saber que Dios te ve de esta manera?

_____
_____
_____
_____

Pregúntale a Dios qué quiere revelarte acerca de este versículo y escribe lo que te dice.

_____
_____
_____
_____
_____

# Yo Declaro Que Soy Libre De Temor.

*Porque no nos ha dado Dios espíritu de cobardía, sino de poder, de amor y de dominio propio.*
*2 Timoteo 1:7*

¿Qué conocimiento te reveló Dios en tu corazón al leer este verso en voz alta?

_____
_____
_____
_____

¿Cómo te hace sentir el saber que Dios te ve de esta manera?

_____
_____
_____
_____

Pregúntale a Dios qué quiere revelarte acerca de este versículo y escribe lo que te dice.

_____
_____
_____
_____

# Decretando Quién Soy Comenzando Con La Letra G

# Yo Declaro Que Soy Hecha Heredera.

*En él asimismo tuvimos herencia, habiendo sido predestinados*
*conforme al propósito del que hace todas las cosas*
*según el designio de su voluntad.*
Efesios 1:11

¿Qué conocimiento te reveló Dios en tu corazón al leer este verso en voz alta?

_____
_____
_____
_____

¿Cómo te hace sentir el saber que Dios te ve de esta manera?

_____
_____
_____
_____

Pregúntale a Dios qué quiere revelarte acerca de este versículo y escribe lo que te dice.

_____
_____
_____
_____

# Yo Declaro Que Soy Hija De Dios.

*El Espíritu mismo da testimonio a nuestro espíritu, de que somos hijos de Dios.*
Romanos 8:16

¿Qué conocimiento te reveló Dios en tu corazón al leer este verso en voz alta?

_____
_____
_____
_____

¿Cómo te hace sentir el saber que Dios te ve de esta manera?

_____
_____
_____
_____

Pregúntale a Dios qué quiere revelarte acerca de este versículo y escribe lo que te dice.

_____
_____
_____
_____

# Yo Declaro Que Soy Dotada.

*De manera que, teniendo diferentes dones, según la gracia que nos es dada, si el de profecía, úsese conforme a la medida de la fe.*
Romanos 12:6

¿Qué conocimiento te reveló Dios en tu corazón al leer este verso en voz alta?

_____
_____
_____
_____

¿Cómo te hace sentir el saber que Dios te ve de esta manera?

_____
_____
_____
_____

Pregúntale a Dios qué quiere revelarte acerca de este versículo y escribe lo que te dice.

_____
_____
_____
_____

# Yo Declaro Que Estoy Llena De Dios.

*Hijitos, vosotros sois de Dios, y los habéis vencido; porque mayor es el que está en vosotros, que el que está en el mundo.*
1 Juan 4:4

¿Qué conocimiento te reveló Dios en tu corazón al leer este verso en voz alta?

_____
_____
_____
_____

¿Cómo te hace sentir el saber que Dios te ve de esta manera?

_____
_____
_____
_____

Pregúntale a Dios qué quiere revelarte acerca de este versículo y escribe lo que te dice.

_____
_____
_____
_____

# Yo Declaro Que Estoy Abundando en Gracia.

*Y poderoso es Dios para hacer que abunde en vosotros toda gracia, a fin de que, teniendo siempre en todas las cosas todo lo suficiente, abundéis para toda buena obra.*
2 Corintios 9:8

¿Qué conocimiento te reveló Dios en tu corazón al leer este verso en voz alta?

_____
_____
_____
_____

¿Cómo te hace sentir el saber que Dios te ve de esta manera?

_____
_____
_____
_____

Pregúntale a Dios qué quiere revelarte acerca de este versículo y escribe lo que te dice.

_____
_____
_____
_____

# Yo Declaro Que Soy Hechura De Dios.

*Porque somos hechura suya, creados en Cristo Jesús para buenas obras, las cuales Dios preparó de antemano para que anduviésemos en ellas.*
Efesios 2:10

¿Qué conocimiento te reveló Dios en tu corazón al leer este verso en voz alta?

_____
_____
_____
_____

¿Cómo te hace sentir el saber que Dios te ve de esta manera?

_____
_____
_____
_____

Pregúntale a Dios qué quiere revelarte acerca de este versículo y escribe lo que te dice.

_____
_____
_____
_____
_____

# Yo Declaro Que Estoy Vestida del Manto de Alegría.

*A ordenar que a los afligidos de Sion se les dé gloria en lugar de ceniza, óleo de gozo en lugar de luto, manto de alegría en lugar del espíritu angustiado; y serán llamados árboles de justicia, plantío de Jehová, para gloria suya.*
Isaías 61:3

¿Qué conocimiento te reveló Dios en tu corazón al leer este verso en voz alta?

_____
_____
_____
_____

¿Cómo te hace sentir el saber que Dios te ve de esta manera?

_____
_____
_____
_____

Pregúntale a Dios qué quiere revelarte acerca de este versículo y escribe lo que te dice.

_____
_____
_____
_____

# Yo Declaro Que Estoy Recibiendo Todas Las Promesas Del Señor.

*Por medio de las cuales nos ha dado preciosas y grandísima promesas, para que por ellas llegaseis a ser participantes de la naturaleza divina, habiendo huido de la corrupció que hay en el mundo a causa de la concupiscencia.*
2 Pedro 1:4

¿Qué conocimiento te reveló Dios en tu corazón al leer este verso en voz alta?

_____
_____
_____
_____

¿Cómo te hace sentir el saber que Dios te ve de esta manera?

_____
_____
_____
_____

Pregúntale a Dios qué quiere revelarte acerca de este versículo y escribe lo que te dice.

_____
_____
_____
_____

# Yo Declaro Que Estoy Glorificando Con Mi Voz A Dios Y Cristo.

*Para que unánimes, a una voz, glorifiquéis al Dios
y Padre de nuestro Señor Jesucristo.*
Romanos 15:6

¿Qué conocimiento te reveló Dios en tu corazón al leer este verso en voz alta?

_____
_____
_____
_____

¿Cómo te hace sentir el saber que Dios te ve de esta manera?

_____
_____
_____
_____

Pregúntale a Dios qué quiere revelarte acerca de este versículo y escribe lo que te dice.

_____
_____
_____
_____
_____

# Yo Declaro Que Soy Vencedora Porque Dios Que Está En Mi Es Mayor Que aquel que Está En El Mundo.

*Hijitos, vosotros sois de Dios, y los habéis vencido; porque mayor es el que está en vosotros, que el que está en el mundo.*
1 Juan 4:4

¿Qué conocimiento te reveló Dios en tu corazón al leer este verso en voz alta?

_____
_____
_____
_____

¿Cómo te hace sentir el saber que Dios te ve de esta manera?

_____
_____
_____
_____

Pregúntale a Dios qué quiere revelarte acerca de este versículo y escribe lo que te dice.

_____
_____
_____
_____

# Yo Declaro Que Tengo La Medida De Fe Que Dios Me Repartió.

*Digo, pues, por la gracia que me es dada, a cada cual que está entre vosotros, que no tenga más alto concepto de sí que el que debe tener, sino que piense de sí con cordura, conforme a la medida de fe que Dios repartió a cada uno.*
Romanos 12:3

¿Qué conocimiento te reveló Dios en tu corazón al leer este verso en voz alta?

_____
_____
_____
_____

¿Cómo te hace sentir el saber que Dios te ve de esta manera?

_____
_____
_____
_____

Pregúntale a Dios qué quiere revelarte acerca de este versículo y escribe lo que te dice.

_____
_____
_____
_____

# Decretando Quién Soy Comenzando Con La Letra H

# Yo Declaro Que Soy Salva.

*Porque todo aquel que invocare el nombre del Señor, será salvo.*
Romanos 10:13

¿Qué conocimiento te reveló Dios en tu corazón al leer este verso en voz alta?

_____
_____
_____
_____

¿Cómo te hace sentir el saber que Dios te ve de esta manera?

_____
_____
_____
_____

Pregúntale a Dios qué quiere revelarte acerca de este versículo y escribe lo que te dice.

_____
_____
_____
_____

# Yo Declaro Que Estoy Sin Mancha.

*Según nos escogió en él antes de la fundación del mundo, para que fuésemos santos y sin mancha delante de él.*
Efesios 1:4

¿Qué conocimiento te reveló Dios en tu corazón al leer este verso en voz alta?

_____
_____
_____
_____

¿Cómo te hace sentir el saber que Dios te ve de esta manera?

_____
_____
_____
_____

Pregúntale a Dios qué quiere revelarte acerca de este versículo y escribe lo que te dice.

_____
_____
_____
_____

# Yo Declaro Que Soy Una Heredera.

*Para que justificados por su gracia, viniésemos a ser herederos conforme a la esperanza de la vida eterna.*
Tito 3:7

¿Qué conocimiento te reveló Dios en tu corazón al leer este verso en voz alta?

_____
_____
_____
_____

¿Cómo te hace sentir el saber que Dios te ve de esta manera?

_____
_____
_____
_____

Pregúntale a Dios qué quiere revelarte acerca de este versículo y escribe lo que te dice.

_____
_____
_____
_____

# Yo Declaro Que Soy Sanada Por Las Heridas De Jesús.

*Quien llevó él mismo nuestros pecados en su cuerpo sobre el madero, para que nosotros, estando muertos a los pecados, vivamos a la justicia; y por cuya herida fuisteis sanados.*
1 Pedro 2:24

¿Qué conocimiento te reveló Dios en tu corazón al leer este verso en voz alta?

_____
_____
_____
_____

¿Cómo te hace sentir el saber que Dios te ve de esta manera?

_____
_____
_____
_____

Pregúntale a Dios qué quiere revelarte acerca de este versículo y escribe lo que te dice.

_____
_____
_____
_____

# Yo Declaro Que Soy La Cabeza Y No La Cola.

*Y tus vacas y tus ovejas se aumenten, y la plata y el oro se te multipliquen, y todo lo que tuvieres se aumente.*
Deuteronomio 28:13

¿Qué conocimiento te reveló Dios en tu corazón al leer este verso en voz alta?

_____
_____
_____
_____

¿Cómo te hace sentir el saber que Dios te ve de esta manera?

_____
_____
_____
_____

Pregúntale a Dios qué quiere revelarte acerca de este versículo y escribe lo que te dice.

_____
_____
_____
_____
_____

# Yo Declaro Que Estoy Escondida con Cristo.

*Porque habéis muerto, y vuestra vida está escondida con Cristo en Dios.*
Colosenses 3:3

¿Qué conocimiento te reveló Dios en tu corazón al leer este verso en voz alta?

_____
_____
_____
_____

¿Cómo te hace sentir el saber que Dios te ve de esta manera?

_____
_____
_____
_____

Pregúntale a Dios qué quiere revelarte acerca de este versículo y escribe lo que te dice.

_____
_____
_____
_____

# Yo Declaro Que Tengo Una Boca llena de Risas.

*Entonces nuestra boca se llenará de risa, Y nuestra lengu de alabanza; Entonces dirán entre las naciones: Grandes cosas ha hecho Jehová con éstos.*
Salmo 126:2

¿Qué conocimiento te reveló Dios en tu corazón al leer este verso en voz alta?

_____
_____
_____
_____

¿Cómo te hace sentir el saber que Dios te ve de esta manera?

_____
_____
_____
_____

Pregúntale a Dios qué quiere revelarte acerca de este versículo y escribe lo que te dice.

_____
_____
_____
_____

# Yo Declaro Que Tengo Consolador Que Me Acompaña Siempre.

*Y yo rogaré al Padre, y os dará otro Consolador, para que esté con vosotros para siempre.*
Juan 14:16

¿Qué conocimiento te reveló Dios en tu corazón al leer este verso en voz alta?

_____
_____
_____
_____

¿Cómo te hace sentir el saber que Dios te ve de esta manera?

_____
_____
_____
_____

Pregúntale a Dios qué quiere revelarte acerca de este versículo y escribe lo que te dice.

_____
_____
_____
_____
_____

# Yo Declaro Que Tengo Los Confines De La Tierra Como Herencia.

*Pídeme, y te daré por herencia las naciones,
Y como posesión tuya los confines de la tierra.*
Salmo 2:8

¿Qué conocimiento te reveló Dios en tu corazón al leer este verso en voz alta?

_____
_____
_____
_____

¿Cómo te hace sentir el saber que Dios te ve de esta manera?

_____
_____
_____
_____

Pregúntale a Dios qué quiere revelarte acerca de este versículo y escribe lo que te dice.

_____
_____
_____
_____

# Decretando Quién Soy Comenzando Con La Letra I

# Yo Declaro Que Estoy En Este Mundo Pero No Soy De El.

*Si fuerais del mundo, el mundo amaría lo suyo; pero porque no sois del mundo, antes yo os elegí del mundo, por eso el mundo os aborrece.*
Juan 15:19

¿Qué conocimiento te reveló Dios en tu corazón al leer este verso en voz alta?

_____
_____
_____
_____

¿Cómo te hace sentir el saber que Dios te ve de esta manera?

_____
_____
_____
_____

Pregúntale a Dios qué quiere revelarte acerca de este versículo y escribe lo que te dice.

_____
_____
_____
_____

# Yo Declaro Que Estoy En Cristo.

*De reunir todas las cosas en Cristo, en la dispensación del cumplimiento de los tiempos, así las que están e los cielos, como las que están en la tierra.*
Efesios 1:10

¿Qué conocimiento te reveló Dios en tu corazón al leer este verso en voz alta?

_____
_____
_____
_____

¿Cómo te hace sentir el saber que Dios te ve de esta manera?

_____
_____
_____
_____

Pregúntale a Dios qué quiere revelarte acerca de este versículo y escribe lo que te dice.

_____
_____
_____
_____

# Yo Declaro Que Soy Renovada por el Espíritu Santo.

*Nos salvó, no por obras de justicia que nosotros hubiéramos hecho, sino por su misericordia, por el lavamiento de la regeneración y por la renovación en el Espíritu Santo.*
Tito 3:5

¿Qué conocimiento te reveló Dios en tu corazón al leer este verso en voz alta?

_____
_____
_____
_____

¿Cómo te hace sentir el saber que Dios te ve de esta manera?

_____
_____
_____
_____

Pregúntale a Dios qué quiere revelarte acerca de este versículo y escribe lo que te dice.

_____
_____
_____
_____

# Yo Declaro Que Estoy Enseñada a Justicia y Piedad.

*Enseñándonos que, renunciando a la impiedad y a los deseos mundanos, vivamos en este siglo sobria, justa y piadosamente.*
Tito 2:12

¿Qué conocimiento te reveló Dios en tu corazón al leer este verso en voz alta?

_____
_____
_____
_____

¿Cómo te hace sentir el saber que Dios te ve de esta manera?

_____
_____
_____
_____

Pregúntale a Dios qué quiere revelarte acerca de este versículo y escribe lo que te dice.

_____
_____
_____
_____

# Yo Declaro Que Estoy En Cristo.

*Porque habéis muerto, y vuestra vida está escondida con Cristo en Dios.*
Colosenses 3:3

¿Qué conocimiento te reveló Dios en tu corazón al leer este verso en voz alta?

_____
_____
_____
_____

¿Cómo te hace sentir el saber que Dios te ve de esta manera?

_____
_____
_____
_____

Pregúntale a Dios qué quiere revelarte acerca de este versículo y escribe lo que te dice.

_____
_____
_____
_____

# Yo Declaro Que Soy Instrumento De Justicia De Dios

*Ni tampoco presentéis vuestros miembros al pecado como instrumentos de iniquidad, sino presentaos vosotros mismos a Dios como vivos de entre los muertos, y vuestros miembros a Dios como instrumentos de justicia.*
Romanos 6:13

¿Qué conocimiento te reveló Dios en tu corazón al leer este verso en voz alta?

_____
_____
_____
_____

¿Cómo te hace sentir el saber que Dios te ve de esta manera?

_____
_____
_____
_____

Pregúntale a Dios qué quiere revelarte acerca de este versículo y escribe lo que te dice.

_____
_____
_____
_____

# Yo Declaro Que Nada Soy Inferior.

*Y pienso que en nada he sido inferior a aquellos grandes apóstoles.*
2 Corintios 11:5

¿Qué conocimiento te reveló Dios en tu corazón al leer este verso en voz alta?

_____
_____
_____
_____

¿Cómo te hace sentir el saber que Dios te ve de esta manera?

_____
_____
_____
_____

Pregúntale a Dios qué quiere revelarte acerca de este versículo y escribe lo que te dice.

_____
_____
_____
_____

# Yo Declaro Que Estoy En El Espíritu.

*Mas vosotros no vivís según la carne, sino según el Espíritu, si es que el Espíritu de Dios mora en vosotros. Y si alguno no tiene el Espíritu de Cristo, no es de él.*
Romanos 8:9

¿Qué conocimiento te reveló Dios en tu corazón al leer este verso en voz alta?

_____
_____
_____
_____

¿Cómo te hace sentir el saber que Dios te ve de esta manera?

_____
_____
_____
_____

Pregúntale a Dios qué quiere revelarte acerca de este versículo y escribe lo que te dice.

_____
_____
_____
_____
_____

# Yo Declaro Que Tengo A Jesus Como Intercessor.

*¿Quién es el que condenará? Cristo es el que murió; más aun, el que también resucitó, el que además está a la diestra de Dios, el que también intercede por nosotros.*
Romanos 8:34

¿Qué conocimiento te reveló Dios en tu corazón al leer este verso en voz alta?

_____
_____
_____
_____

¿Cómo te hace sentir el saber que Dios te ve de esta manera?

_____
_____
_____
_____

Pregúntale a Dios qué quiere revelarte acerca de este versículo y escribe lo que te dice.

_____
_____
_____
_____

# Yo Declaro Que Tengo Propósito Dado por El Que Hace Todas Las Cosas.

*En él asimismo tuvimos herencia, habiendo sido predestinados conforme al propósito del que hace todas las cosas según el designio de su voluntad.*
Efesios 1:11

¿Qué conocimiento te reveló Dios en tu corazón al leer este verso en voz alta?

_____
_____
_____
_____

¿Cómo te hace sentir el saber que Dios te ve de esta manera?

_____
_____
_____
_____

Pregúntale a Dios qué quiere revelarte acerca de este versículo y escribe lo que te dice.

_____
_____
_____
_____

# Decretando Quién Soy Comenzando Con La Letra J

# Yo Declaro Que Estoy Justificada.

*Para que justificados por su gracia, tuviésemos a ser herederos conforme a la esperanza de la vida eterna.*
Tito 3:7

¿Qué conocimiento te reveló Dios en tu corazón al leer este verso en voz alta?

___

¿Cómo te hace sentir el saber que Dios te ve de esta manera?

___

Pregúntale a Dios qué quiere revelarte acerca de este versículo y escribe lo que te dice.

___

# Yo Declaro Que Soy Justificada Por Fe.

*Concluimos, pues, que el hombre es justificado por fe sin las obras de la ley.*
Romanos 3:28

¿Qué conocimiento te reveló Dios en tu corazón al leer este verso en voz alta?

_____
_____
_____
_____

¿Cómo te hace sentir el saber que Dios te ve de esta manera?

_____
_____
_____
_____

Pregúntale a Dios qué quiere revelarte acerca de este versículo y escribe lo que te dice.

_____
_____
_____
_____

# Yo Declaro Que Soy Llena De Gran Alegría.

*Hasta ahora nada habéis pedido en mi nombre; pedid, y recibiréis, para que vuestro gozo sea cumplido.*
Juan 16:24

¿Qué conocimiento te reveló Dios en tu corazón al leer este verso en voz alta?

_____
_____
_____
_____

¿Cómo te hace sentir el saber que Dios te ve de esta manera?

_____
_____
_____
_____

Pregúntale a Dios qué quiere revelarte acerca de este versículo y escribe lo que te dice.

_____
_____
_____
_____

# Yo Declaro Que Soy Justificado por Dios.

*¿Quién acusará a los escogidos de Dios? Dios es el que justifica.*
Romanos 8:33

¿Qué conocimiento te reveló Dios en tu corazón al leer este verso en voz alta?

_____
_____
_____
_____

¿Cómo te hace sentir el saber que Dios te ve de esta manera?

_____
_____
_____
_____

Pregúntale a Dios qué quiere revelarte acerca de este versículo y escribe lo que te dice.

_____
_____
_____
_____

# Yo Declaro Que Estoy Llena De Gozo.

*Pero ahora voy a ti; y hablo esto en el mundo, para que tengan mi gozo cumplido en sí mismos.*
Juan 17:13

¿Qué conocimiento te reveló Dios en tu corazón al leer este verso en voz alta?

_____
_____
_____
_____

¿Cómo te hace sentir el saber que Dios te ve de esta manera?

_____
_____
_____
_____

Pregúntale a Dios qué quiere revelarte acerca de este versículo y escribe lo que te dice.

_____
_____
_____
_____

# Yo Declaro Que Soy Justificada Por La Sangre De Jesús.

*Pues mucho más, estando ya justificados en su sangre, por él seremos salvos de la ira.*
Romanos 5:9

¿Qué conocimiento te reveló Dios en tu corazón al leer este verso en voz alta?

_____
_____
_____
_____

¿Cómo te hace sentir el saber que Dios te ve de esta manera?

_____
_____
_____
_____

Pregúntale a Dios qué quiere revelarte acerca de este versículo y escribe lo que te dice.

_____
_____
_____
_____

# Yo Declaro Que Tengo A Jesús Como Mi Señor.

*Que si confesares con tu boca que Jesús es el Señor, y creyeres en tu corazón que Dios le levantó de los muertos, serás salvo.*
Romanos 10:9

¿Qué conocimiento te reveló Dios en tu corazón al leer este verso en voz alta?

_____
_____
_____
_____

¿Cómo te hace sentir el saber que Dios te ve de esta manera?

_____
_____
_____
_____

Pregúntale a Dios qué quiere revelarte acerca de este versículo y escribe lo que te dice.

_____
_____
_____
_____

# Decretando Quién Soy Comenzando Con La Letra K

# Yo Declaro Que Estoy En El Reino De Dios.

*Mas buscad primeramente el reino de Dios y su justicia, y todas estas cosas os serán añadidas.*
Mateo 6:33

¿Qué conocimiento te reveló Dios en tu corazón al leer este verso en voz alta?

_____
_____
_____
_____

¿Cómo te hace sentir el saber que Dios te ve de esta manera?

_____
_____
_____
_____

Pregúntale a Dios qué quiere revelarte acerca de este versículo y escribe lo que te dice.

_____
_____
_____
_____
_____

# Yo Declaro Que Estoy Guardada Del Mal.

*Pero fiel es el Señor, que os afirmará y guardará del mal.*
2 Tesalonicenses 3:3

¿Qué conocimiento te reveló Dios en tu corazón al leer este verso en voz alta?

_____
_____
_____
_____

¿Cómo te hace sentir el saber que Dios te ve de esta manera?

_____
_____
_____
_____

Pregúntale a Dios qué quiere revelarte acerca de este versículo y escribe lo que te dice.

_____
_____
_____
_____

# Yo Declaro Que Soy Guardadora De Su Palabra.

*Pero el que guarda su palabra, en éste verdaderamente el amor de Dios se ha perfeccionado; por esto sabemos que estamos en él.*
1 Juan 2:5

¿Qué conocimiento te reveló Dios en tu corazón al leer este verso en voz alta?

_____
_____
_____
_____

¿Cómo te hace sentir el saber que Dios te ve de esta manera?

_____
_____
_____
_____

Pregúntale a Dios qué quiere revelarte acerca de este versículo y escribe lo que te dice.

_____
_____
_____
_____

# Yo Declaro Que Soy/Estoy Llena de Amabilidad.

*Mas el fruto del Espíritu es amor, gozo, paz, paciencia, benignidad, bondad, fe.*
Gálatas 5:22

¿Qué conocimiento te reveló Dios en tu corazón al leer este verso en voz alta?

_____
_____
_____
_____

¿Cómo te hace sentir el saber que Dios te ve de esta manera?

_____
_____
_____
_____

Pregúntale a Dios qué quiere revelarte acerca de este versículo y escribe lo que te dice.

_____
_____
_____
_____

# Yo Declaro Que Soy Uno De Los Sacerdotes Al Servicio De Nuestro Dios.

*Y nos has hecho para nuestro Dios reyes y sacerdotes, y reinaremos sobre la tierra.*
Apocalipsis 5:10

¿Qué conocimiento te reveló Dios en tu corazón al leer este verso en voz alta?

_____
_____
_____
_____

¿Cómo te hace sentir el saber que Dios te ve de esta manera?

_____
_____
_____
_____

Pregúntale a Dios qué quiere revelarte acerca de este versículo y escribe lo que te dice.

_____
_____
_____
_____

# Yo Declaro Que Estoy Llena De Vida.

*El que tiene al Hijo, tiene la vida; el que no tiene al Hijo de Dios no tiene la vida.*
1 Juan 5:12

¿Qué conocimiento te reveló Dios en tu corazón al leer este verso en voz alta?

_____
_____
_____
_____

¿Cómo te hace sentir el saber que Dios te ve de esta manera?

_____
_____
_____
_____

Pregúntale a Dios qué quiere revelarte acerca de este versículo y escribe lo que te dice.

_____
_____
_____
_____
_____

# Yo Declaro Que Estoy Cumpliendo Tus Estatutos.

*A ti clamé; sálvame, Y guardaré tus testimonios.*
Salmo 119:146

¿Qué conocimiento te reveló Dios en tu corazón al leer este verso en voz alta?

_____
_____
_____
_____

¿Cómo te hace sentir el saber que Dios te ve de esta manera?

_____
_____
_____
_____

Pregúntale a Dios qué quiere revelarte acerca de este versículo y escribe lo que te dice.

_____
_____
_____
_____

# Yo Declaro Que Todas Las Cosas Me Ayudan Para Mi Bien.

*Y sabemos que a los que aman a Dios, todas las cosas les ayudan a bien, esto es, a los que conforme a su propósito son llamados.*
Romanos 8:28

¿Qué conocimiento te reveló Dios en tu corazón al leer este verso en voz alta?

_____
_____
_____
_____

¿Cómo te hace sentir el saber que Dios te ve de esta manera?

_____
_____
_____
_____

Pregúntale a Dios qué quiere revelarte acerca de este versículo y escribe lo que te dice.

_____
_____
_____
_____

# Yo Declaro Que Estoy Descubriendo El Misterio De Su Voluntad.

*Dándonos a conocer el misterio de su voluntad, según su beneplácito, el cual se había propuesto en sí mismo.*
Efesios 1:9

¿Qué conocimiento te reveló Dios en tu corazón al leer este verso en voz alta?

_____
_____
_____
_____

¿Cómo te hace sentir el saber que Dios te ve de esta manera?

_____
_____
_____
_____

Pregúntale a Dios qué quiere revelarte acerca de este versículo y escribe lo que te dice.

_____
_____
_____
_____

# Decretando Quién Soy Comenzando Con La Letra L

# Yo Declaro Que Soy Prestadora A Muchas Gentes.

*Te abrirá Jehová su buen tesoro, el cielo, para enviar la lluvia a tu tierra en su tiempo, y para bendecir toda obra de tus manos. Y prestarás a muchas naciones, y tú no pedirás prestado.*
Deuteronomio 28:12

¿Qué conocimiento te reveló Dios en tu corazón al leer este verso en voz alta?

_____
_____
_____
_____

¿Cómo te hace sentir el saber que Dios te ve de esta manera?

_____
_____
_____
_____

Pregúntale a Dios qué quiere revelarte acerca de este versículo y escribe lo que te dice.

_____
_____
_____
_____

# Yo Declaro Que Estoy Sin Faltar Alguna Cosa.

*Mas tenga la paciencia su obra completa, para que seáis perfectos y cabales, sin que os falte cosa alguna.*
Santiago 1:4

¿Qué conocimiento te reveló Dios en tu corazón al leer este verso en voz alta?

_____
_____
_____
_____

¿Cómo te hace sentir el saber que Dios te ve de esta manera?

_____
_____
_____
_____

Pregúntale a Dios qué quiere revelarte acerca de este versículo y escribe lo que te dice.

_____
_____
_____
_____

# Yo Declaro Que Soy Dueño De Tierras.

*Yo os he entregado, como lo había dicho a Moisés, todo lugar que pisare la planta de vuestro pie.*
Josué 1:3

¿Qué conocimiento te reveló Dios en tu corazón al leer este verso en voz alta?

_____
_____
_____
_____

¿Cómo te hace sentir el saber que Dios te ve de esta manera?

_____
_____
_____
_____

Pregúntale a Dios qué quiere revelarte acerca de este versículo y escribe lo que te dice.

_____
_____
_____
_____

# Yo Declaro Que Estoy Llena De Vida.

*El que tiene al Hijo, tiene la vida; el que no tiene al Hijo de Dios no tiene la vida.*
1 Juan 5:12

¿Qué conocimiento te reveló Dios en tu corazón al leer este verso en voz alta?

_____
_____
_____
_____

¿Cómo te hace sentir el saber que Dios te ve de esta manera?

_____
_____
_____
_____

Pregúntale a Dios qué quiere revelarte acerca de este versículo y escribe lo que te dice.

_____
_____
_____
_____

# Yo Declaro Que Estoy Vestida De Caridad.

*Y sobre todas estas cosas vestíos de amor, que es el vínculo perfecto.*
Colosenses 3:14

¿Qué conocimiento te reveló Dios en tu corazón al leer este verso en voz alta?

_____
_____
_____
_____

¿Cómo te hace sentir el saber que Dios te ve de esta manera?

_____
_____
_____
_____

Pregúntale a Dios qué quiere revelarte acerca de este versículo y escribe lo que te dice.

_____
_____
_____
_____

# Yo Declaro Que Soy/Estoy Guiada Por El Espíritu Santo.

*Porque todos los que son guiados por el Espíritu de Dios,
éstos son hijos de Dios.*
Romanos 8:14

¿Qué conocimiento te reveló Dios en tu corazón al leer este verso en voz alta?

_____
_____
_____
_____

¿Cómo te hace sentir el saber que Dios te ve de esta manera?

_____
_____
_____
_____

Pregúntale a Dios qué quiere revelarte acerca de este versículo y escribe lo que te dice.

_____
_____
_____
_____
_____

# Yo Declaro Que Soy Luz En El Señor.

*Porque en otro tiempo erais tinieblas, mas ahora sois luz en el Señor; andad como hijos de luz.*
Efesios 5:8

¿Qué conocimiento te reveló Dios en tu corazón al leer este verso en voz alta?

_____
_____
_____
_____

¿Cómo te hace sentir el saber que Dios te ve de esta manera?

_____
_____
_____
_____

Pregúntale a Dios qué quiere revelarte acerca de este versículo y escribe lo que te dice.

_____
_____
_____
_____

# Yo Declaro Que Soy Del Señor.

*Pues si vivimos, para el Señor vivimos; y si morimos, para el Señor morimos. Así pues, sea que vivamos, o que muramos, del Señor somos.*
Romanos 14:8

¿Qué conocimiento te reveló Dios en tu corazón al leer este verso en voz alta?

_____
_____
_____
_____

¿Cómo te hace sentir el saber que Dios te ve de esta manera?

_____
_____
_____
_____

Pregúntale a Dios qué quiere revelarte acerca de este versículo y escribe lo que te dice.

_____
_____
_____
_____

# Yo Declaro Que Estoy Viva.

*Le dijo Jesús: Yo soy la resurrección y la vida; el que cree en mí, aunque esté muerto, vivirá.*
Juan 11:25

¿Qué conocimiento te reveló Dios en tu corazón al leer este verso en voz alta?

_____
_____
_____
_____

¿Cómo te hace sentir el saber que Dios te ve de esta manera?

_____
_____
_____
_____

Pregúntale a Dios qué quiere revelarte acerca de este versículo y escribe lo que te dice.

_____
_____
_____
_____

# Yo Declaro Que Estoy En La Semejanza De Su Resurrección.

*Porque si fuimos plantados juntamente con él en la semejanza de su muerte, así también lo seremos en la de su resurrección.*
Romanos 6:5

¿Qué conocimiento te reveló Dios en tu corazón al leer este verso en voz alta?

_____
_____
_____
_____

¿Cómo te hace sentir el saber que Dios te ve de esta manera?

_____
_____
_____
_____

Pregúntale a Dios qué quiere revelarte acerca de este versículo y escribe lo que te dice.

_____
_____
_____
_____

# Yo Declaro Que Soy Amada.

*En esto consiste el amor: no en que nosotros hayamos amado a Dios, sino en que él nos amó a nosotros, y envió a su Hijo en propiciación por nuestros pecados.*
1 Juan 4:10

¿Qué conocimiento te reveló Dios en tu corazón al leer este verso en voz alta?

_____
_____
_____
_____

¿Cómo te hace sentir el saber que Dios te ve de esta manera?

_____
_____
_____
_____

Pregúntale a Dios qué quiere revelarte acerca de este versículo y escribe lo que te dice.

_____
_____
_____
_____

# Yo Declaro Que Estoy Andando en Libertad.

*Porque el Señor es el Espíritu; y donde está el Espíritu del Señor, allí hay libertad.*
2 Corintios 3:17

¿Qué conocimiento te reveló Dios en tu corazón al leer este verso en voz alta?

_____
_____
_____
_____

¿Cómo te hace sentir el saber que Dios te ve de esta manera?

_____
_____
_____
_____

Pregúntale a Dios qué quiere revelarte acerca de este versículo y escribe lo que te dice.

_____
_____
_____
_____

# Decretando Quién Soy Comenzando Con La Letra M

# Yo Declaro Que Soy Vivificada.

*Y a vosotros, estando muertos en pecados y en
la incircuncisión de vuestra carne, os dio vida juntamente
con él, perdonándoos todos los pecados.*
Colosenses 2:13

¿Qué conocimiento te reveló Dios en tu corazón al leer este verso en voz alta?

_____
_____
_____
_____

¿Cómo te hace sentir el saber que Dios te ve de esta manera?

_____
_____
_____
_____

Pregúntale a Dios qué quiere revelarte acerca de este versículo y escribe lo que te dice.

_____
_____
_____
_____
_____

# Yo Declaro Que Soy Un Miembro Del Cuerpo De Cristo.

*Porque así como el cuerpo es uno, y tiene muchos miembros, pero todos los miembros del cuerpo, siendo muchos, son un solo cuerpo, así también Cristo.*
1 Corintios 12:12

¿Qué conocimiento te reveló Dios en tu corazón al leer este verso en voz alta?

_____
_____
_____
_____

¿Cómo te hace sentir el saber que Dios te ve de esta manera?

_____
_____
_____
_____

Pregúntale a Dios qué quiere revelarte acerca de este versículo y escribe lo que te dice.

_____
_____
_____
_____

# Yo Declaro Que Estoy Ejercitando El Mover Montañas Con Fe.

*Y cuando estéis orando, perdonad, si tenéis algo contra alguno
para que también vuestro Padre que está en los cielos
os perdone a vosotros vuestras ofensas.
Marcos 11:25*

¿Qué conocimiento te reveló Dios en tu corazón al leer este verso en voz alta?

_____
_____
_____
_____

¿Cómo te hace sentir el saber que Dios te ve de esta manera?

_____
_____
_____
_____

Pregúntale a Dios qué quiere revelarte acerca de este versículo y escribe lo que te dice.

_____
_____
_____
_____

# Yo Declaro Que Estoy En El Ministerio De La Reconciliación.

*Y todo esto proviene de Dios, quien nos reconcilió consigo mismo por Cristo, y nos dio el ministerio de la reconciliación.*
2 Corintios 5:18

¿Qué conocimiento te reveló Dios en tu corazón al leer este verso en voz alta?

_____
_____
_____
_____

¿Cómo te hace sentir el saber que Dios te ve de esta manera?

_____
_____
_____
_____

Pregúntale a Dios qué quiere revelarte acerca de este versículo y escribe lo que te dice.

_____
_____
_____
_____

# Yo Declaro Que Soy Poderosa En Mis Dichos Y Hechos.

*Y fue enseñado Moisés en toda la sabiduría de los egipcios; y era poderoso en sus palabras y obras.*
Hechos 7:22

¿Qué conocimiento te reveló Dios en tu corazón al leer este verso en voz alta?

_____
_____
_____
_____

¿Cómo te hace sentir el saber que Dios te ve de esta manera?

_____
_____
_____
_____

Pregúntale a Dios qué quiere revelarte acerca de este versículo y escribe lo que te dice.

_____
_____
_____
_____

# Yo Declaro Que Estoy Hecha Cercana Por La Sangre De Cristo.

*Pero ahora en Cristo Jesús, vosotros que en otro tiempo estabais lejos, habéis sido hechos cercanos por la sangre de Cristo.*
Efesios 2:13

¿Qué conocimiento te reveló Dios en tu corazón al leer este verso en voz alta?

_____
_____
_____
_____

¿Cómo te hace sentir el saber que Dios te ve de esta manera?

_____
_____
_____
_____

Pregúntale a Dios qué quiere revelarte acerca de este versículo y escribe lo que te dice.

_____
_____
_____
_____
_____

# Yo Declaro Que Estoy Renovando Mi Mente.

*No os conforméis a este siglo, sino transformaos por medio de la renovación de vuestro entendimiento, para que comprobéis cuál sea la buena voluntad de Dios, agradable y perfecta.*
Romanos 12:2

¿Qué conocimiento te reveló Dios en tu corazón al leer este verso en voz alta?

_____
_____
_____
_____

¿Cómo te hace sentir el saber que Dios te ve de esta manera?

_____
_____
_____
_____

Pregúntale a Dios qué quiere revelarte acerca de este versículo y escribe lo que te dice.

_____
_____
_____
_____

# Yo Declaro Que Soy Mas Que Vencedor.

*Antes, en todas estas cosas somos más que vencedores por medio de aquel que nos amó.*
Romanos 8:37

¿Qué conocimiento te reveló Dios en tu corazón al leer este verso en voz alta?

_____
_____
_____
_____

¿Cómo te hace sentir el saber que Dios te ve de esta manera?

_____
_____
_____
_____

Pregúntale a Dios qué quiere revelarte acerca de este versículo y escribe lo que te dice.

_____
_____
_____
_____

# Yo Declaro Que Estoy Motivada.

*Pues Dios es quien produce en ustedes tanto el querer como el hacer para que se cumpla su buena voluntad.*
Filipenses 2:13

¿Qué conocimiento te reveló Dios en tu corazón al leer este verso en voz alta?

_____
_____
_____
_____

¿Cómo te hace sentir el saber que Dios te ve de esta manera?

_____
_____
_____
_____

Pregúntale a Dios qué quiere revelarte acerca de este versículo y escribe lo que te dice.

_____
_____
_____
_____

# Yo Declaro Que Estoy Usando Mi Medida De Fe.

*Digo, pues, por la gracia que me es dada, a cada cual que está entre vosotros, que no tenga más alto concepto de sí que el que debe tener, sino que piense de sí con cordura, conforme a la medida de fe que Dios repartió a cada uno.*
Romanos 12:3

¿Qué conocimiento te reveló Dios en tu corazón al leer este verso en voz alta?

_____
_____
_____
_____

¿Cómo te hace sentir el saber que Dios te ve de esta manera?

_____
_____
_____
_____

Pregúntale a Dios qué quiere revelarte acerca de este versículo y escribe lo que te dice.

_____
_____
_____
_____

# Yo Declaro Que Soy Imagen De La Gloria De Dios.

*Porque el varón no debe cubrirse la cabeza, pues él es imagen y gloria de Dios; pero la mujer es gloria del varón.*
1 Corintios 11:7

¿Qué conocimiento te reveló Dios en tu corazón al leer este verso en voz alta?

_____
_____
_____
_____

¿Cómo te hace sentir el saber que Dios te ve de esta manera?

_____
_____
_____
_____

Pregúntale a Dios qué quiere revelarte acerca de este versículo y escribe lo que te dice.

_____
_____
_____
_____

# Yo Declaro Que Estoy Casada Con Cristo.

*Esposos, amen a sus esposas, así como Cristo amó a la iglesia y s entregó por ella.*
*Efesios 5:25*

¿Qué conocimiento te reveló Dios en tu corazón al leer este verso en voz alta?

_____
_____
_____
_____

¿Cómo te hace sentir el saber que Dios te ve de esta manera?

_____
_____
_____
_____

Pregúntale a Dios qué quiere revelarte acerca de este versículo y escribe lo que te dice.

_____
_____
_____
_____

# Yo Declaro Que Estoy Poniendo La Mira En Las Cosas De Arriba.

*Poned la mira en las cosas de arriba, no en las de la tierra.*
Colosenses 3:2

¿Qué conocimiento te reveló Dios en tu corazón al leer este verso en voz alta?

_____
_____
_____
_____

¿Cómo te hace sentir el saber que Dios te ve de esta manera?

_____
_____
_____
_____

Pregúntale a Dios qué quiere revelarte acerca de este versículo y escribe lo que te dice.

_____
_____
_____
_____

# Yo Declaro Que Tengo La Mente De Cristo.

*Porque ¿quién conoció la mente del Señor? ¿Quién le instruirá?*
*Mas nosotros tenemos la mente de Cristo.*
1 Corintios 2:16

¿Qué conocimiento te reveló Dios en tu corazón al leer este verso en voz alta?

_____
_____
_____
_____

¿Cómo te hace sentir el saber que Dios te ve de esta manera?

_____
_____
_____
_____

Pregúntale a Dios qué quiere revelarte acerca de este versículo y escribe lo que te dice.

_____
_____
_____
_____
_____

# Decretando Quién Soy Comenzando Con La Letra N

# Yo Declaro Que Soy Nueva Criatura, Nueva Creación.

*De modo que si alguno está en Cristo, nueva criatura es; las cosas viejas pasaron; he aquí todas son hechas nuevas.*
2 Corintios 5:17

¿Qué conocimiento te reveló Dios en tu corazón al leer este verso en voz alta?

_____
_____
_____
_____

¿Cómo te hace sentir el saber que Dios te ve de esta manera?

_____
_____
_____
_____

Pregúntale a Dios qué quiere revelarte acerca de este versículo y escribe lo que te dice.

_____
_____
_____
_____
_____

# Yo Declaro Que No Estoy Debajo.

*Te pondrá Jehová por cabeza, y no por cola; y estarás encima solamente, y no estarás debajo, si obedecieres los mandamientos de Jehová tu Dios, que yo te ordeno hoy, para que los guardes y cumplas.*
Deuteronomio 28:13

¿Qué conocimiento te reveló Dios en tu corazón al leer este verso en voz alta?

_____
_____
_____
_____

¿Cómo te hace sentir el saber que Dios te ve de esta manera?

_____
_____
_____
_____

Pregúntale a Dios qué quiere revelarte acerca de este versículo y escribe lo que te dice.

_____
_____
_____
_____

# Yo Declaro Que Estoy Andando En Una Nueva Vida.

*Porque somos sepultados juntamente con él para muerte por el bautismo, a fin de que como Cristo resucitó de los muertos por la gloria del Padre, así también nosotros andemos en vida nueva.*
Romanos 6:4

¿Qué conocimiento te reveló Dios en tu corazón al leer este verso en voz alta?

_____
_____
_____
_____

¿Cómo te hace sentir el saber que Dios te ve de esta manera?

_____
_____
_____
_____

Pregúntale a Dios qué quiere revelarte acerca de este versículo y escribe lo que te dice.

_____
_____
_____
_____

# Yo Declaro Que No Estoy Conformad@ a este Siglo.

*No os conforméis a este siglo, sino transformaos por medio de la renovación de vuestro entendimiento, para que comprobéis cuál sea la buena voluntad de Dios, agradable y perfecta.*
Romanos 12:2

¿Qué conocimiento te reveló Dios en tu corazón al leer este verso en voz alta?

_____
_____
_____
_____

¿Cómo te hace sentir el saber que Dios te ve de esta manera?

_____
_____
_____
_____

Pregúntale a Dios qué quiere revelarte acerca de este versículo y escribe lo que te dice.

_____
_____
_____
_____

# Yo Declaro Que Estoy Pidiendo Todo En El Nombre De Jesús.

*Si algo pidiereis en mi nombre, yo lo haré.*
Juan 14:14

¿Qué conocimiento te reveló Dios en tu corazón al leer este verso en voz alta?

_____
_____
_____
_____

¿Cómo te hace sentir el saber que Dios te ve de esta manera?

_____
_____
_____
_____

Pregúntale a Dios qué quiere revelarte acerca de este versículo y escribe lo que te dice.

_____
_____
_____
_____

# Yo Declaro Que No Estoy Sirviendo Más Al Pecado.

*Sabiendo esto, que nuestro viejo hombre fue crucificado juntamente
con él, para que el cuerpo del pecado sea destruido,
a fin de que no sirvamos más al pecado.*
Romanos 6:6

¿Qué conocimiento te reveló Dios en tu corazón al leer este verso en voz alta?

_____
_____
_____
_____

¿Cómo te hace sentir el saber que Dios te ve de esta manera?

_____
_____
_____
_____

Pregúntale a Dios qué quiere revelarte acerca de este versículo y escribe lo que te dice.

_____
_____
_____
_____

# Yo Declaro Que No Estoy Pidiendo Prestado Más Prestando.

*Te abrirá Jehová su buen tesoro, el cielo, para enviar la lluvia a tu tierra en su tiempo, y para bendecir toda obra de tus manos. Y prestarás a muchas naciones, y tú no pedirás prestado.*
Deuteronomio 28:12

¿Qué conocimiento te reveló Dios en tu corazón al leer este verso en voz alta?

_____
_____
_____
_____

¿Cómo te hace sentir el saber que Dios te ve de esta manera?

_____
_____
_____
_____

Pregúntale a Dios qué quiere revelarte acerca de este versículo y escribe lo que te dice.

_____
_____
_____
_____

# Yo Declaro Que No Soy Condenada.

*El que en él cree, no es condenado; pero el que no cree,
ya ha sido condenado, porque no ha creído en
el nombre del unigénito Hijo de Dios.*
Juan 3:18

¿Qué conocimiento te reveló Dios en tu corazón al leer este verso en voz alta?

_____
_____
_____
_____

¿Cómo te hace sentir el saber que Dios te ve de esta manera?

_____
_____
_____
_____

Pregúntale a Dios qué quiere revelarte acerca de este versículo y escribe lo que te dice.

_____
_____
_____
_____
_____

# Yo Declaro Que Nada Me Faltará.

*Jehová es mi pastor; nada me faltará.*
Salmos 23:1

¿Qué conocimiento te reveló Dios en tu corazón al leer este verso en voz alta?

_____
_____
_____
_____

¿Cómo te hace sentir el saber que Dios te ve de esta manera?

_____
_____
_____
_____

Pregúntale a Dios qué quiere revelarte acerca de este versículo y escribe lo que te dice.

_____
_____
_____
_____

# Yo Declaro Que Nunca Estoy Avergonzada.

*Como está escrito: He aquí pongo en Sion piedra de tropiezo y roca de caída; Y el que creyere en él, no será avergonzado.*
Romanos 9:33

¿Qué conocimiento te reveló Dios en tu corazón al leer este verso en voz alta?

_____
_____
_____
_____

¿Cómo te hace sentir el saber que Dios te ve de esta manera?

_____
_____
_____
_____

Pregúntale a Dios qué quiere revelarte acerca de este versículo y escribe lo que te dice.

_____
_____
_____
_____
_____

# Yo Declaro Que No Ando Conforme A La Carne Mas Conforme Al Espíritu.

*Para que la justicia de la ley se cumpliese en nosotros, que no andamos conforme a la carne, sino conforme al Espíritu.*
Romanos 8:4

¿Qué conocimiento te reveló Dios en tu corazón al leer este verso en voz alta?

_____
_____
_____
_____

¿Cómo te hace sentir el saber que Dios te ve de esta manera?

_____
_____
_____
_____

Pregúntale a Dios qué quiere revelarte acerca de este versículo y escribe lo que te dice.

_____
_____
_____
_____

# Decretando Quién Soy Comenzando Con La Letra O

# Yo Declaro Que
# De Toda Obra De Mis Manos Soy Bendecida.

*Te abrirá Jehová su buen tesoro, el cielo, para enviar la lluvia a tu tierra en su tiempo, y para bendecir toda obra de tus manos. Y prestarás a muchas naciones, y tú no pedirás prestado.*
Deuteronomio 28:12

¿Qué conocimiento te reveló Dios en tu corazón al leer este verso en voz alta?

_____
_____
_____
_____

¿Cómo te hace sentir el saber que Dios te ve de esta manera?

_____
_____
_____
_____

Pregúntale a Dios qué quiere revelarte acerca de este versículo y escribe lo que te dice.

_____
_____
_____
_____

# Yo Declaro Que Soy Ofrenda Y Sacrificio A Dios En Olor Suave.

*Y andad en amor, como también Cristo nos amó, y se entregó
a sí mismo por nosotros, ofrenda y sacrificio a Dios en olor fragante.*
Efesios 5:2

¿Qué conocimiento te reveló Dios en tu corazón al leer este verso en voz alta?

_____
_____
_____
_____

¿Cómo te hace sentir el saber que Dios te ve de esta manera?

_____
_____
_____
_____

Pregúntale a Dios qué quiere revelarte acerca de este versículo y escribe lo que te dice.

_____
_____
_____
_____

# Yo Declaro Que No Estoy Ofendido.

*Por lo cual, si la comida le es a mi hermano ocasión de caer, no comeré carne jamás, para no poner tropiezo a mi hermano.*
1 Corintios 8:13

¿Qué conocimiento te reveló Dios en tu corazón al leer este verso en voz alta?

_____
_____
_____
_____

¿Cómo te hace sentir el saber que Dios te ve de esta manera?

_____
_____
_____
_____

Pregúntale a Dios qué quiere revelarte acerca de este versículo y escribe lo que te dice.

_____
_____
_____
_____

# Yo Declaro Que Soy Un Cuerpo En Cristo.

*Así nosotros, siendo muchos, somos un cuerpo en Cristo,
y todos miembros los unos de los otros.*
Romanos 12:5

¿Qué conocimiento te reveló Dios en tu corazón al leer este verso en voz alta?

_____
_____
_____
_____

¿Cómo te hace sentir el saber que Dios te ve de esta manera?

_____
_____
_____
_____

Pregúntale a Dios qué quiere revelarte acerca de este versículo y escribe lo que te dice.

_____
_____
_____
_____

# Yo Declaro Que Soy Orador De La Palabra De Dios.

*Cinco días después, descendió el sumo sacerdote Ananías con algunos de los ancianos y un cierto orador llamado Tértulo, y comparecieron ante el gobernador contra Pablo.*
Hechos 24:1

¿Qué conocimiento te reveló Dios en tu corazón al leer este verso en voz alta?

_____
_____
_____
_____

¿Cómo te hace sentir el saber que Dios te ve de esta manera?

_____
_____
_____
_____

Pregúntale a Dios qué quiere revelarte acerca de este versículo y escribe lo que te dice.

_____
_____
_____
_____

# Yo Declaro Que Estoy Obedeciendo De Corazón.

*Pero gracias a Dios, que aunque erais esclavos del pecado, habéis obedecido de corazón a aquella forma de doctrina a la cual fuisteis entregados.*
Romanos 6:17

¿Qué conocimiento te reveló Dios en tu corazón al leer este verso en voz alta?

_____
_____
_____
_____

¿Cómo te hace sentir el saber que Dios te ve de esta manera?

_____
_____
_____
_____

Pregúntale a Dios qué quiere revelarte acerca de este versículo y escribe lo que te dice.

_____
_____
_____
_____

# Yo Declaro Que Soy Dueña.

*Porque vosotros pasáis el Jordán para ir a poseer la tierra que os da Jehová vuestro Dios; y la tomaréis, y habitaréis en ella.*
Deuteronomio 11:31

¿Qué conocimiento te reveló Dios en tu corazón al leer este verso en voz alta?

_____
_____
_____
_____

¿Cómo te hace sentir el saber que Dios te ve de esta manera?

_____
_____
_____
_____

Pregúntale a Dios qué quiere revelarte acerca de este versículo y escribe lo que te dice.

_____
_____
_____
_____
_____

# Yo Declaro Que Soy Simiente de Abraham.

*Y si vosotros sois de Cristo, ciertamente linaje de Abraham sois, y herederos según la promesa.*
Gálatas 3:29

¿Qué conocimiento te reveló Dios en tu corazón al leer este verso en voz alta?

_____
_____
_____
_____

¿Cómo te hace sentir el saber que Dios te ve de esta manera?

_____
_____
_____
_____

Pregúntale a Dios qué quiere revelarte acerca de este versículo y escribe lo que te dice.

_____
_____
_____
_____

# Yo Declaro Que Soy Vencedor Por La Sangre Del Cordero.

*Y ellos le han vencido por medio de la sangre del Cordero
y de la palabra del testimonio de ellos,
y menospreciaron sus vidas hasta la muerte.*
Apocalipsis 12:11

¿Qué conocimiento te reveló Dios en tu corazón al leer este verso en voz alta?

_____
_____
_____
_____

¿Cómo te hace sentir el saber que Dios te ve de esta manera?

_____
_____
_____
_____

Pregúntale a Dios qué quiere revelarte acerca de este versículo y escribe lo que te dice.

_____
_____
_____
_____

# Yo Declaro Que Estoy En Espíritu Para Obedecer.

*Elegidos según la presciencia de Dios Padre en santificación del Espíritu, para obedecer y ser rociados con la sangre de Jesucristo: Gracia y paz os sean multiplicadas.*
1 Pedro 1:2

¿Qué conocimiento te reveló Dios en tu corazón al leer este verso en voz alta?

_____
_____
_____
_____

¿Cómo te hace sentir el saber que Dios te ve de esta manera?

_____
_____
_____
_____

Pregúntale a Dios qué quiere revelarte acerca de este versículo y escribe lo que te dice.

_____
_____
_____
_____

# Decretando Quién Soy Comenzando Con La Letra P

# Yo Declaro Que Soy Participante De La Naturaleza Divina.

*Por medio de las cuales nos ha dado preciosas y grandísimas promesas, para que por ellas llegaseis a ser participantes de la naturaleza divina, habiendo huido de la corrupción que hay en el mundo a causa de la concupiscencia.*
2 Pedro 1:4

¿Qué conocimiento te reveló Dios en tu corazón al leer este verso en voz alta?

_____
_____
_____
_____

¿Cómo te hace sentir el saber que Dios te ve de esta manera?

_____
_____
_____
_____

Pregúntale a Dios qué quiere revelarte acerca de este versículo y escribe lo que te dice.

_____
_____
_____
_____

# Yo Declaro Que Soy Poseedora De Todas Las Cosas Que Pertenecen A La Vida.

*Como todas las cosas que pertenecen a la vida y a la piedad nos han sido dadas por su divino poder, mediante el conocimiento de aquel que nos llamó por su gloria y excelencia.*
2 Pedro 1:3

¿Qué conocimiento te reveló Dios en tu corazón al leer este verso en voz alta?

_____
_____
_____
_____

¿Cómo te hace sentir el saber que Dios te ve de esta manera?

_____
_____
_____
_____

Pregúntale a Dios qué quiere revelarte acerca de este versículo y escribe lo que te dice.

_____
_____
_____
_____

# Yo Declaro Que Soy Paciente.

*Gozosos en la esperanza; sufridos en la tribulación; constantes en la oración.*
Romanos 12:12

¿Qué conocimiento te reveló Dios en tu corazón al leer este verso en voz alta?

_____
_____
_____
_____

¿Cómo te hace sentir el saber que Dios te ve de esta manera?

_____
_____
_____
_____

Pregúntale a Dios qué quiere revelarte acerca de este versículo y escribe lo que te dice.

_____
_____
_____
_____

# Yo Declaro Que Estoy Recibiendo Las Promesas.

*Por medio de las cuales nos ha dado preciosas y grandísimas promesas, para que por ellas llegaseis a ser participantes de la naturaleza divina, habiendo huido de la corrupción que hay en el mundo a causa de la concupiscencia.*
2 Pedro 1:4

¿Qué conocimiento te reveló Dios en tu corazón al leer este verso en voz alta?

_____

_____

_____

_____

¿Cómo te hace sentir el saber que Dios te ve de esta manera?

_____

_____

_____

_____

Pregúntale a Dios qué quiere revelarte acerca de este versículo y escribe lo que te dice.

_____

_____

_____

_____

# Yo Declaro Que Soy Una Persona De Oración Poderosa.

*Confesaos vuestras ofensas unos a otros, y orad unos por otros para que seáis sanados. La oración eficaz del justo puede mucho.*
Santiago 5:16

¿Qué conocimiento te reveló Dios en tu corazón al leer este verso en voz alta?

_____
_____
_____
_____

¿Cómo te hace sentir el saber que Dios te ve de esta manera?

_____
_____
_____
_____

Pregúntale a Dios qué quiere revelarte acerca de este versículo y escribe lo que te dice.

_____
_____
_____
_____

# Yo Declaro Que Estoy Llena De Paz.

*Por nada estéis afanosos, sino sean conocidas vuestras peticiones delante de Dios en toda oración y ruego, con acción de gracias.*
Filipenses 4:6

¿Qué conocimiento te reveló Dios en tu corazón al leer este verso en voz alta?

_____
_____
_____
_____

¿Cómo te hace sentir el saber que Dios te ve de esta manera?

_____
_____
_____
_____

Pregúntale a Dios qué quiere revelarte acerca de este versículo y escribe lo que te dice.

_____
_____
_____
_____

# Yo Declaro Que Soy Prosperada.

*Amado, yo deseo que tú seas prosperado en todas las cosas, y que tengas salud, así como prospera tu alma.*
3 Juan 1:2

¿Qué conocimiento te reveló Dios en tu corazón al leer este verso en voz alta?

_____
_____
_____
_____

¿Cómo te hace sentir el saber que Dios te ve de esta manera?

_____
_____
_____
_____

Pregúntale a Dios qué quiere revelarte acerca de este versículo y escribe lo que te dice.

_____
_____
_____
_____

# Yo Declaro Que Estoy Llena De Fruto De Alabanza Para Confesar Su Nombre.

*Así que, ofrezcamos siempre a Dios, por medio de él, sacrificio de alabanza, es decir, fruto de labios que confiesan su nombre.*
Hebreos 13:15

¿Qué conocimiento te reveló Dios en tu corazón al leer este verso en voz alta?

_____
_____
_____
_____

¿Cómo te hace sentir el saber que Dios te ve de esta manera?

_____
_____
_____
_____

Pregúntale a Dios qué quiere revelarte acerca de este versículo y escribe lo que te dice.

_____
_____
_____
_____

# Yo Declaro Que Estoy Rescatada Con La Sangre Preciosa De Cristo.

*Sino con la sangre preciosa de Cristo, como de un cordero sin mancha y sin contaminación.*
1 Pedro 1:19

¿Qué conocimiento te reveló Dios en tu corazón al leer este verso en voz alta?

_____
_____
_____
_____

¿Cómo te hace sentir el saber que Dios te ve de esta manera?

_____
_____
_____
_____

Pregúntale a Dios qué quiere revelarte acerca de este versículo y escribe lo que te dice.

_____
_____
_____
_____
_____

# Yo Declaro Que Soy Linaje Escogido.

*Mas vosotros sois linaje escogido, real sacerdocio, nación santa, pueblo adquirido por Dios, para que anunciéis las virtudes de aquel que os llamó de las tinieblas a su luz admirable.*
1 Pedro 2:9

¿Qué conocimiento te reveló Dios en tu corazón al leer este verso en voz alta?

_____
_____
_____
_____

¿Cómo te hace sentir el saber que Dios te ve de esta manera?

_____
_____
_____
_____

Pregúntale a Dios qué quiere revelarte acerca de este versículo y escribe lo que te dice.

_____
_____
_____
_____

# Yo Declaro Que Estoy Protegida.

*Jehová cumplirá su propósito en mí; Tu misericordia, oh Jehová, es para siempre; No desampares la obra de tus manos.*
Salmo 138:8

¿Qué conocimiento te reveló Dios en tu corazón al leer este verso en voz alta?

_____
_____
_____
_____

¿Cómo te hace sentir el saber que Dios te ve de esta manera?

_____
_____
_____
_____

Pregúntale a Dios qué quiere revelarte acerca de este versículo y escribe lo que te dice.

_____
_____
_____
_____

# Yo Declaro Que Estoy Llena De Poder.

*Y estas señales seguirán a los que creen: En mi nombre echará fuera demonios; hablarán nuevas lenguas.*
Marcos 16:17

¿Qué conocimiento te reveló Dios en tu corazón al leer este verso en voz alta?

_____
_____
_____
_____

¿Cómo te hace sentir el saber que Dios te ve de esta manera?

_____
_____
_____
_____

Pregúntale a Dios qué quiere revelarte acerca de este versículo y escribe lo que te dice.

_____
_____
_____
_____

# Yo Declaro Que Estoy Llena De Poder.

*He aquí os doy potestad de hollar serpientes y escorpiones, y sobre toda fuerza del enemigo, y nada os dañará.*
Lucas 10:19

¿Qué conocimiento te reveló Dios en tu corazón al leer este verso en voz alta?

_____
_____
_____
_____

¿Cómo te hace sentir el saber que Dios te ve de esta manera?

_____
_____
_____
_____

Pregúntale a Dios qué quiere revelarte acerca de este versículo y escribe lo que te dice.

_____
_____
_____
_____

# Yo Declaro Que Estoy Preparada.

*Mas el que nos hizo para esto mismo es Dios, quien nos ha dado las arras del Espíritu.*
2 Corintios 5:5

¿Qué conocimiento te reveló Dios en tu corazón al leer este verso en voz alta?

_____
_____
_____
_____

¿Cómo te hace sentir el saber que Dios te ve de esta manera?

_____
_____
_____
_____

Pregúntale a Dios qué quiere revelarte acerca de este versículo y escribe lo que te dice.

_____
_____
_____
_____

# Yo Declaro Que Estoy Olvidando Lo Que Queda Atrás Y Esforzandome Por Lo Que Está Delante.

*Hermanos, yo mismo no pretendo haberlo ya alcanzado; pero una cosa hago: olvidando ciertamente lo que queda atrás, y extendiéndome a lo que está delante.*
Filipenses 3:13

¿Qué conocimiento te reveló Dios en tu corazón al leer este verso en voz alta?

_____
_____
_____
_____

¿Cómo te hace sentir el saber que Dios te ve de esta manera?

_____
_____
_____
_____

Pregúntale a Dios qué quiere revelarte acerca de este versículo y escribe lo que te dice.

_____
_____
_____
_____

# Decretando Quién Soy Comenzando Con La Letra Q

# Yo Declaro Que Soy/Estoy Juntamente En Vida Con Cristo.

*Aun estando nosotros muertos en pecados, nos dio vida juntamente con Cristo (por gracia sois salvos)*
Efesios 2:5

¿Qué conocimiento te reveló Dios en tu corazón al leer este verso en voz alta?

_____
_____
_____
_____

¿Cómo te hace sentir el saber que Dios te ve de esta manera?

_____
_____
_____
_____

Pregúntale a Dios qué quiere revelarte acerca de este versículo y escribe lo que te dice.

_____
_____
_____
_____

# Yo Declaro Que Estoy Vivificada Y Perdonada en Cristo.

*Y a vosotros, estando muertos en pecados y en la incircuncisión de vuestra carne, os dio vida juntamente con él, perdonándoos todos los pecados.*
Colosenses 2:13

¿Qué conocimiento te reveló Dios en tu corazón al leer este verso en voz alta?

_____
_____
_____
_____

¿Cómo te hace sentir el saber que Dios te ve de esta manera?

_____
_____
_____
_____

Pregúntale a Dios qué quiere revelarte acerca de este versículo y escribe lo que te dice.

_____
_____
_____
_____

# Yo Declaro Que Estoy Levantada De Mi Cuerpo Mortal Por El Espíritu Que Mora En Mi.

*Y si el Espíritu de aquel que levantó de los muertos a Jesús mora en vosotros, el que levantó de los muertos a Cristo Jesús vivificará también vuestros cuerpos mortales por su Espíritu que mora en vosotros.*
Romanos 8:11

¿Qué conocimiento te reveló Dios en tu corazón al leer este verso en voz alta?

_____
_____
_____
_____

¿Cómo te hace sentir el saber que Dios te ve de esta manera?

_____
_____
_____
_____

Pregúntale a Dios qué quiere revelarte acerca de este versículo y escribe lo que te dice.

_____
_____
_____
_____

# Yo Declaro Que Estoy Oyendo Y Guardando Silencio.

*Y al oír que les hablaba en lengua hebrea, guardaron más silencio. Y él les dijo.*
Hechos 22:2

¿Qué conocimiento te reveló Dios en tu corazón al leer este verso en voz alta?

_____
_____
_____
_____

¿Cómo te hace sentir el saber que Dios te ve de esta manera?

_____
_____
_____
_____

Pregúntale a Dios qué quiere revelarte acerca de este versículo y escribe lo que te dice.

_____
_____
_____
_____

# Yo Declaro Que Estoy Permaneciendo Firme En La Fe.

*Velad, estad firmes en la fe; portaos varonilmente, y esforzaos.*
1 Corintios 16:13

¿Qué conocimiento te reveló Dios en tu corazón al leer este verso en voz alta?

_____
_____
_____
_____

¿Cómo te hace sentir el saber que Dios te ve de esta manera?

_____
_____
_____
_____

Pregúntale a Dios qué quiere revelarte acerca de este versículo y escribe lo que te dice.

_____
_____
_____
_____

# Yo Declaro Que Estoy Agradecida Con El Padre Que Me Hizo Apta Para Participar De La Suerte De Los Santos En Luz.

*Con gozo dando gracias al Padre que nos hizo aptos para participar de la herencia de los santos en luz.*
Colosenses 1:12

¿Qué conocimiento te reveló Dios en tu corazón al leer este verso en voz alta?
_____
_____
_____
_____

¿Cómo te hace sentir el saber que Dios te ve de esta manera?
_____
_____
_____
_____

Pregúntale a Dios qué quiere revelarte acerca de este versículo y escribe lo que te dice.
_____
_____
_____
_____

# Yo Declaro Que Estoy Trabajando Con Reposo, Comiendo Mi Pan.

*A los tales mandamos y exhortamos por nuestro Señor Jesucristo, que trabajando sosegadamente, coman su propio pan.*
2 Tesalonicenses 3:12

¿Qué conocimiento te reveló Dios en tu corazón al leer este verso en voz alta?

_____
_____
_____
_____

¿Cómo te hace sentir el saber que Dios te ve de esta manera?

_____
_____
_____
_____

Pregúntale a Dios qué quiere revelarte acerca de este versículo y escribe lo que te dice.

_____
_____
_____
_____

# Decretando Quién Soy Comenzando Con La Letra R

# Yo Declaro Que Estoy Resucitada De La Muerte.

*Sepultados con él en el bautismo, en el cual fuisteis también resucitados con él, mediante la fe en el poder de Dios que le levantó de los Muertos.*
Colosenses 2:12

¿Qué conocimiento te reveló Dios en tu corazón al leer este verso en voz alta?

_____
_____
_____
_____

¿Cómo te hace sentir el saber que Dios te ve de esta manera?

_____
_____
_____
_____

Pregúntale a Dios qué quiere revelarte acerca de este versículo y escribe lo que te dice.

_____
_____
_____
_____

# Yo Declaro Que Estoy Redimida.

*Mas por él estáis vosotros en Cristo Jesús, el cual nos ha sido hecho por Dios sabiduría, justificación, santificación y redención.*
1 Corintios 1:30

¿Qué conocimiento te reveló Dios en tu corazón al leer este verso en voz alta?

_____
_____
_____
_____

¿Cómo te hace sentir el saber que Dios te ve de esta manera?

_____
_____
_____
_____

Pregúntale a Dios qué quiere revelarte acerca de este versículo y escribe lo que te dice.

_____
_____
_____
_____

# Yo Declaro Que Estoy Arraigad@ Y Sobreedificad@ En Él.

*Arraigados y sobreedificados en él, y confirmados en la fe, así como habéis sido enseñados, abundando en acciones de gracias.*
Colosenses 2:7

¿Qué conocimiento te reveló Dios en tu corazón al leer este verso en voz alta?

_____
_____
_____
_____

¿Cómo te hace sentir el saber que Dios te ve de esta manera?

_____
_____
_____
_____

Pregúntale a Dios qué quiere revelarte acerca de este versículo y escribe lo que te dice.

_____
_____
_____
_____

# Yo Declaro Que Estoy Recibiendo La Justicia De Dios.

*Al que no conoció pecado, por nosotros lo hizo pecado, para que nosotros fuésemos hechos justicia de Dios en él.*
2 Corintios 5:21

¿Qué conocimiento te reveló Dios en tu corazón al leer este verso en voz alta?

_____
_____
_____
_____

¿Cómo te hace sentir el saber que Dios te ve de esta manera?

_____
_____
_____
_____

Pregúntale a Dios qué quiere revelarte acerca de este versículo y escribe lo que te dice.

_____
_____
_____
_____

# Yo Declaro Que Estoy Arraigad@ En Amor.

*Para que habite Cristo por la fe en vuestros corazones, a fin de que, arraigados y cimentados en amor.*
Efesios 3:17

¿Qué conocimiento te reveló Dios en tu corazón al leer este verso en voz alta?

_____
_____
_____
_____

¿Cómo te hace sentir el saber que Dios te ve de esta manera?

_____
_____
_____
_____

Pregúntale a Dios qué quiere revelarte acerca de este versículo y escribe lo que te dice.

_____
_____
_____
_____
_____

# Yo Declaro Que Estoy Regocijando.

*Por quien también tenemos entrada por la fe a esta gracia en la cual estamos firmes, y nos gloriamos en la esperanza de la gloria de Dios.*
Romanos 5:2

¿Qué conocimiento te reveló Dios en tu corazón al leer este verso en voz alta?
_____
_____
_____
_____

¿Cómo te hace sentir el saber que Dios te ve de esta manera?
_____
_____
_____
_____

Pregúntale a Dios qué quiere revelarte acerca de este versículo y escribe lo que te dice.
_____
_____
_____
_____
_____

# Yo Declaro Que Soy/Estoy Recibiendo Todas Las Promesas De Dios.

*Porque todas las promesas de Dios son en él Sí, y en él Amén, por medio de nosotros, para la gloria de Dios.*
2 Corintios 1:20

¿Qué conocimiento te reveló Dios en tu corazón al leer este verso en voz alta?

_____
_____
_____
_____

¿Cómo te hace sentir el saber que Dios te ve de esta manera?

_____
_____
_____
_____

Pregúntale a Dios qué quiere revelarte acerca de este versículo y escribe lo que te dice.

_____
_____
_____
_____
_____

# Yo Declaro Que Estoy Recibiendo Todas Las Promesas De Dios.

*Por medio de las cuales nos ha dado preciosas y grandísimas promesas, para que por ellas llegaseis a ser participantes de la naturaleza divina, habiendo huido de la corrupción que hay en el mundo a causa de la concupiscencia.*
2 Pedro 1:4

¿Qué conocimiento te reveló Dios en tu corazón al leer este verso en voz alta?

_____
_____
_____
_____

¿Cómo te hace sentir el saber que Dios te ve de esta manera?

_____
_____
_____
_____

Pregúntale a Dios qué quiere revelarte acerca de este versículo y escribe lo que te dice.

_____
_____
_____
_____

# Yo Declaro Que Soy Reconciliado con Dios.

*Y mediante la cruz reconciliar con Dios a ambos en un solo cuerpo, matando en ella las enemistades.*
Efesios 2:16

¿Qué conocimiento te reveló Dios en tu corazón al leer este verso en voz alta?

_____
_____
_____
_____

¿Cómo te hace sentir el saber que Dios te ve de esta manera?

_____
_____
_____
_____

Pregúntale a Dios qué quiere revelarte acerca de este versículo y escribe lo que te dice.

_____
_____
_____
_____

# Yo Declaro Que Soy
# Real Sacerdocio, Pueblo Escogido.

*Mas vosotros sois linaje escogido, real sacerdocio, nación santa, pueblo adquirido por Dios, para que anunciéis las virtudes de aquel que os llamó de las tinieblas a su luz admirable.*
1 Pedro 2:9

¿Qué conocimiento te reveló Dios en tu corazón al leer este verso en voz alta?

_____
_____
_____
_____

¿Cómo te hace sentir el saber que Dios te ve de esta manera?

_____
_____
_____
_____

Pregúntale a Dios qué quiere revelarte acerca de este versículo y escribe lo que te dice.

_____
_____
_____
_____

# Yo Declaro Que Estoy Reposando.

*Pero los que hemos creído entramos en el reposo, de la manera que dijo: Por tanto, juré en mi ira, No entrarán en mi reposo; aunque las obras suyas estaban acabadas desde la fundación del mundo.*
Hebreos 4:3

¿Qué conocimiento te reveló Dios en tu corazón al leer este verso en voz alta?

_____
_____
_____
_____

¿Cómo te hace sentir el saber que Dios te ve de esta manera?

_____
_____
_____
_____

Pregúntale a Dios qué quiere revelarte acerca de este versículo y escribe lo que te dice.

_____
_____
_____
_____

# Yo Declaro Que Estoy Reinando En Vida Y Recibiendo Gracia.

*Pues si por la transgresión de uno solo reinó la muerte, mucho más reinarán en vida por uno solo, Jesucristo, los que reciben la abundancia de la gracia y del don de la justicia.*
Romanos 5:17

¿Qué conocimiento te reveló Dios en tu corazón al leer este verso en voz alta?

_____
_____
_____
_____

¿Cómo te hace sentir el saber que Dios te ve de esta manera?

_____
_____
_____
_____

Pregúntale a Dios qué quiere revelarte acerca de este versículo y escribe lo que te dice.

_____
_____
_____
_____
_____

# Yo Declaro Que Soy Rico.

*Porque ya conocéis la gracia de nuestro Señor Jesucristo, que por amor a vosotros se hizo pobre, siendo rico, para que vosotros con su pobreza fueseis enriquecidos.*
2 Corintios 8:9

¿Qué conocimiento te reveló Dios en tu corazón al leer este verso en voz alta?

_____
_____
_____
_____

¿Cómo te hace sentir el saber que Dios te ve de esta manera?

_____
_____
_____
_____

Pregúntale a Dios qué quiere revelarte acerca de este versículo y escribe lo que te dice.

_____
_____
_____
_____
_____

# Yo Declaro Que Estoy En Tiempos De Refrigerio.

*Sí que, arrepentíos y convertíos, para que sean borrados vuestros pecados; para que vengan de la presencia del Señor tiempos de refrigerio.*
Hechos 3:19

¿Qué conocimiento te reveló Dios en tu corazón al leer este verso en voz alta?

_____
_____
_____
_____

¿Cómo te hace sentir el saber que Dios te ve de esta manera?

_____
_____
_____
_____

Pregúntale a Dios qué quiere revelarte acerca de este versículo y escribe lo que te dice.

_____
_____
_____
_____

# Yo Declaro Que Estoy Alumbrado. Tengo Un Rostro Radiante.

*Los que miraron a él fueron alumbrados,
Y sus rostros no fueron avergonzados.*
Salmo 34:5

¿Qué conocimiento te reveló Dios en tu corazón al leer este verso en voz alta?

_____
_____
_____
_____

¿Cómo te hace sentir el saber que Dios te ve de esta manera?

_____
_____
_____
_____

Pregúntale a Dios qué quiere revelarte acerca de este versículo y escribe lo que te dice.

_____
_____
_____
_____

# Yo Declaro Que Estoy Reinando Con Dominio Propio.

*Los que miraron a él fueron alumbrados,
Y sus rostros no fueron avergonzados.*
Proverbios 16:32

¿Qué conocimiento te reveló Dios en tu corazón al leer este verso en voz alta?

_____
_____
_____
_____

¿Cómo te hace sentir el saber que Dios te ve de esta manera?

_____
_____
_____
_____

Pregúntale a Dios qué quiere revelarte acerca de este versículo y escribe lo que te dice.

_____
_____
_____
_____

# Decretando Quién Soy Comenzando Con La Letra S

# Yo Declaro Que Soy Salvo Por La Muerte Y Vida De Jesús.

*Porque si siendo enemigos, fuimos reconciliados con Dios por la muerte de su Hijo, mucho más, estando reconciliados, seremos salvos por su vida.*
Romanos 5:10

¿Qué conocimiento te reveló Dios en tu corazón al leer este verso en voz alta?

_____
_____
_____
_____

¿Cómo te hace sentir el saber que Dios te ve de esta manera?

_____
_____
_____
_____

Pregúntale a Dios qué quiere revelarte acerca de este versículo y escribe lo que te dice.

_____
_____
_____
_____

# Yo Declaro Que Estoy Firme En Un Mismo Espíritu.

*Solamente que os comportéis como es digno del evangelio de Cristo para que o sea que vaya a veros, o que esté ausente, oiga de vosotros que estáis firmes en un mismo espíritu, combatiendo unánimes por la fe del evangelio.*
Filipenses 1:27

¿Qué conocimiento te reveló Dios en tu corazón al leer este verso en voz alta?

_____
_____
_____
_____

¿Cómo te hace sentir el saber que Dios te ve de esta manera?

_____
_____
_____
_____

Pregúntale a Dios qué quiere revelarte acerca de este versículo y escribe lo que te dice.

_____
_____
_____
_____

# Yo Declaro Que Soy Libre.

*Así que, si el Hijo os libertare, seréis verdaderamente libres.*
Juan 8:36

¿Qué conocimiento te reveló Dios en tu corazón al leer este verso en voz alta?

_____
_____
_____
_____

¿Cómo te hace sentir el saber que Dios te ve de esta manera?

_____
_____
_____
_____

Pregúntale a Dios qué quiere revelarte acerca de este versículo y escribe lo que te dice.

_____
_____
_____
_____

# Yo Declaro Que Estoy En La Potencia De Su Fortaleza.

*Por lo demás, hermanos míos, fortaleceos en el Señor,
y en el poder de su fuerza.*
Efesios 6:10

¿Qué conocimiento te reveló Dios en tu corazón al leer este verso en voz alta?

_____
_____
_____
_____

¿Cómo te hace sentir el saber que Dios te ve de esta manera?

_____
_____
_____
_____

Pregúntale a Dios qué quiere revelarte acerca de este versículo y escribe lo que te dice.

_____
_____
_____
_____

# Yo Declaro Que Estoy Con El Alma En Prosperidad.

*Amado, yo deseo que tú seas prosperado en todas las cosas, y que tengas salud, así como prospera tu alma.*
3 Juan 1:2

¿Qué conocimiento te reveló Dios en tu corazón al leer este verso en voz alta?

_____
_____
_____
_____

¿Cómo te hace sentir el saber que Dios te ve de esta manera?

_____
_____
_____
_____

Pregúntale a Dios qué quiere revelarte acerca de este versículo y escribe lo que te dice.

_____
_____
_____
_____

# Yo Declaro Que Soy Salvo De La Ira.

*Pues mucho más, estando ya justificados en su sangre, por él seremos salvos de la ira.*
Romanos 5:9

¿Qué conocimiento te reveló Dios en tu corazón al leer este verso en voz alta?

_____
_____
_____
_____

¿Cómo te hace sentir el saber que Dios te ve de esta manera?

_____
_____
_____
_____

Pregúntale a Dios qué quiere revelarte acerca de este versículo y escribe lo que te dice.

_____
_____
_____
_____
_____

# Yo Declaro Que Estoy Santificado En La Verdad.

*Santifícalos en tu verdad; tu palabra es verdad.*
Juan 17:17

¿Qué conocimiento te reveló Dios en tu corazón al leer este verso en voz alta?

_____
_____
_____
_____

¿Cómo te hace sentir el saber que Dios te ve de esta manera?

_____
_____
_____
_____

Pregúntale a Dios qué quiere revelarte acerca de este versículo y escribe lo que te dice.

_____
_____
_____
_____

# Yo Declaro Que Estoy Santificado desde La Matriz.

*Antes que te formase en el vientre te conocí, y antes que nacieses te santifiqué, te di por profeta a las naciones.*
Jeremías 1:5

¿Qué conocimiento te reveló Dios en tu corazón al leer este verso en voz alta?

_____
_____
_____
_____

¿Cómo te hace sentir el saber que Dios te ve de esta manera?

_____
_____
_____
_____

Pregúntale a Dios qué quiere revelarte acerca de este versículo y escribe lo que te dice.

_____
_____
_____
_____

# Yo Declaro Que Estoy Sentado En Los Cielos Con Cristo Jesús.

*Y juntamente con él nos resucitó, y asimismo nos hizo sentar en los lugares celestiales con Cristo Jesús.*
Efesios 2:6

¿Qué conocimiento te reveló Dios en tu corazón al leer este verso en voz alta?

_____
_____
_____
_____

¿Cómo te hace sentir el saber que Dios te ve de esta manera?

_____
_____
_____
_____

Pregúntale a Dios qué quiere revelarte acerca de este versículo y escribe lo que te dice.

_____
_____
_____
_____
_____

# Yo Declaro Que Estoy Bendecida En Toda Bendición Espiritual.

*Bendito sea el Dios y Padre de nuestro Señor Jesucristo,
que nos bendijo con toda bendición espiritual en
los lugares celestiales en Cristo.*
Efesios 1:3

¿Qué conocimiento te reveló Dios en tu corazón al leer este verso en voz alta?

_____

_____

_____

_____

¿Cómo te hace sentir el saber que Dios te ve de esta manera?

_____

_____

_____

_____

Pregúntale a Dios qué quiere revelarte acerca de este versículo y escribe lo que te dice.

_____

_____

_____

_____

# Yo Declaro Que Estoy Colocad@ En El Cuerpo Como Miembro.

*Mas ahora Dios ha colocado los miembros cada uno de ellos en el cuerpo, como él quiso.*
1 Corintios 12:18

¿Qué conocimiento te reveló Dios en tu corazón al leer este verso en voz alta?
_____
_____
_____
_____

¿Cómo te hace sentir el saber que Dios te ve de esta manera?
_____
_____
_____
_____

Pregúntale a Dios qué quiere revelarte acerca de este versículo y escribe lo que te dice.
_____
_____
_____
_____

# Yo Declaro Que Soy Sierv@ De La Justicia.

*Y libertados del pecado, vinisteis a ser siervos de la justicia.*
Romanos 6:18

¿Qué conocimiento te reveló Dios en tu corazón al leer este verso en voz alta?

_____
_____
_____
_____

¿Cómo te hace sentir el saber que Dios te ve de esta manera?

_____
_____
_____
_____

Pregúntale a Dios qué quiere revelarte acerca de este versículo y escribe lo que te dice.

_____
_____
_____
_____

# Yo Declaro Que Soy Sal De La Tierra.

*Vosotros sois la sal de la tierra; pero si la sal se desvaneciere, ¿con qué será salada? No sirve más para nada, sino para ser echada fuera y hollada por los hombres.*
Mateo 5:13

¿Qué conocimiento te reveló Dios en tu corazón al leer este verso en voz alta?

_____
_____
_____
_____

¿Cómo te hace sentir el saber que Dios te ve de esta manera?

_____
_____
_____
_____

Pregúntale a Dios qué quiere revelarte acerca de este versículo y escribe lo que te dice.

_____
_____
_____
_____
_____

# Yo Declaro Que Estoy Segura En Jehová.

*Porque Jehová ama la rectitud, Y no desampara a sus santos.
Para siempre serán guardados;
Mas la descendencia de los impíos será destruida.*
Salmo 37:28

¿Qué conocimiento te reveló Dios en tu corazón al leer este verso en voz alta?

_____
_____
_____
_____

¿Cómo te hace sentir el saber que Dios te ve de esta manera?

_____
_____
_____
_____

Pregúntale a Dios qué quiere revelarte acerca de este versículo y escribe lo que te dice.

_____
_____
_____
_____

# Yo Declaro Que Estoy Con Disciplina.

*Todo aquel que lucha, de todo se abstiene; ellos, a la verdad, para recibir una corona corruptible, pero nosotros, una incorruptible.*
1 Corintios 9:25

¿Qué conocimiento te reveló Dios en tu corazón al leer este verso en voz alta?

_____
_____
_____
_____

¿Cómo te hace sentir el saber que Dios te ve de esta manera?

_____
_____
_____
_____

Pregúntale a Dios qué quiere revelarte acerca de este versículo y escribe lo que te dice.

_____
_____
_____
_____

# Yo Declaro Que Estoy Siguiendo La Verdad En Amor.

*Sino que siguiendo la verdad en amor, crezcamos en todo en aquel que es la cabeza, esto es, Cristo.*
Efesios 4:15

¿Qué conocimiento te reveló Dios en tu corazón al leer este verso en voz alta?

_____
_____
_____
_____

¿Cómo te hace sentir el saber que Dios te ve de esta manera?

_____
_____
_____
_____

Pregúntale a Dios qué quiere revelarte acerca de este versículo y escribe lo que te dice.

_____
_____
_____
_____
_____

# Decretando Quién Soy Comenzando Con La Letra T

# Yo Declaro Que Soy Trasladado Al Reino De Su Amado Hijo.

*El cual nos ha librado de la potestad de las tinieblas,
y trasladado al reino de su amado Hijo.*
Colosenses 1:13

¿Qué conocimiento te reveló Dios en tu corazón al leer este verso en voz alta?

_____
_____
_____
_____

¿Cómo te hace sentir el saber que Dios te ve de esta manera?

_____
_____
_____
_____

Pregúntale a Dios qué quiere revelarte acerca de este versículo y escribe lo que te dice.

_____
_____
_____
_____

# Yo Declaro Que Soy Compasiva Con Otros.

*El cual nos ha librado de la potestad de las tinieblas,
y trasladado al reino de su amado Hijo.*
Efesios 4:32

¿Qué conocimiento te reveló Dios en tu corazón al leer este verso en voz alta?

_____
_____
_____
_____

¿Cómo te hace sentir el saber que Dios te ve de esta manera?

_____
_____
_____
_____

Pregúntale a Dios qué quiere revelarte acerca de este versículo y escribe lo que te dice.

_____
_____
_____
_____

# Yo Declaro Que Soy Triunfante en Cristo.

*Más a Dios gracias, el cual nos lleva siempre en triunfo en Cristo Jesús, y por medio de nosotros manifiesta en todo lugar el olor de su conocimiento.*
2 Corintios 2:14

¿Qué conocimiento te reveló Dios en tu corazón al leer este verso en voz alta?

_____
_____
_____
_____

¿Cómo te hace sentir el saber que Dios te ve de esta manera?

_____
_____
_____
_____

Pregúntale a Dios qué quiere revelarte acerca de este versículo y escribe lo que te dice.

_____
_____
_____
_____

# Yo Declaro Que Soy Árbol Bueno Que Da Buen Fruto.

*No puede el buen árbol dar malos frutos, ni el árbol malo dar frutos buenos.*
Mateo 7:17

¿Qué conocimiento te reveló Dios en tu corazón al leer este verso en voz alta?

_____
_____
_____
_____

¿Cómo te hace sentir el saber que Dios te ve de esta manera?

_____
_____
_____
_____

Pregúntale a Dios qué quiere revelarte acerca de este versículo y escribe lo que te dice.

_____
_____
_____
_____
_____

# Yo Declaro Que Estoy Enseñando La Palabra En El Poder Del Espíritu.

*Enseñándoles que guarden todas las cosas que os he mandado;
y he aquí yo estoy con vosotros todos los días,
hasta el fin del mundo. Amén.*
Mateo 28:20

¿Qué conocimiento te reveló Dios en tu corazón al leer este verso en voz alta?

_____
_____
_____
_____

¿Cómo te hace sentir el saber que Dios te ve de esta manera?

_____
_____
_____
_____

Pregúntale a Dios qué quiere revelarte acerca de este versículo y escribe lo que te dice.

_____
_____
_____
_____

# Yo Declaro Que Soy Dador De Diezmo.

*Ayuno dos veces a la semana, doy diezmos de todo lo que gano.*
Luke 18:12

¿Qué conocimiento te reveló Dios en tu corazón al leer este verso en voz alta?

_____

_____

_____

_____

¿Cómo te hace sentir el saber que Dios te ve de esta manera?

_____

_____

_____

_____

Pregúntale a Dios qué quiere revelarte acerca de este versículo y escribe lo que te dice.

_____

_____

_____

_____

# Yo Declaro Que Soy La Cabeza Y No La Cola.

*Te pondrá Jehová por cabeza, y no por cola; y estarás encima solamente, y no estarás debajo, si obedecieres los mandamientos de Jehová tu Dios, que yo te ordeno hoy, para que los guardes y cumplas.*
Deuteronomio 28:13

¿Qué conocimiento te reveló Dios en tu corazón al leer este verso en voz alta?

_____
_____
_____
_____

¿Cómo te hace sentir el saber que Dios te ve de esta manera?

_____
_____
_____
_____

Pregúntale a Dios qué quiere revelarte acerca de este versículo y escribe lo que te dice.

_____
_____
_____
_____

# Yo Declaro Que Soy Testimonio de Dios.

*Cuando venga en aquel día para ser glorificado en sus santos y ser admirado en todos los que creyeron (por cuanto nuestro testimonio ha sido creído entre vosotros).*
2 Tesalonicenses 1:10

¿Qué conocimiento te reveló Dios en tu corazón al leer este verso en voz alta?

_____
_____
_____
_____

¿Cómo te hace sentir el saber que Dios te ve de esta manera?

_____
_____
_____
_____

Pregúntale a Dios qué quiere revelarte acerca de este versículo y escribe lo que te dice.

_____
_____
_____
_____

# Yo Declaro Que Estoy Sin Ser Tentado.

*Cuando alguno es tentado, no diga que es tentado de parte de Dios porque Dios no puede ser tentado por el mal, ni él tienta a nadie.*
Santiago 1:13

¿Qué conocimiento te reveló Dios en tu corazón al leer este verso en voz alta?

_____
_____
_____
_____

¿Cómo te hace sentir el saber que Dios te ve de esta manera?

_____
_____
_____
_____

Pregúntale a Dios qué quiere revelarte acerca de este versículo y escribe lo que te dice.

_____
_____
_____
_____

# Yo Declaro Que Soy Bendecida En Toda Obra De Mis Manos.

*Te abrirá Jehová su buen tesoro, el cielo, para enviar la Lluvia a tu tierra en su tiempo, y para bendecir toda obra de tus manos. Y prestarás a muchas naciones, y tú no pedirás prestado.*
Deuteronomio 28:12

¿Qué conocimiento te reveló Dios en tu corazón al leer este verso en voz alta?

_____
_____
_____
_____

¿Cómo te hace sentir el saber que Dios te ve de esta manera?

_____
_____
_____
_____

Pregúntale a Dios qué quiere revelarte acerca de este versículo y escribe lo que te dice.

_____
_____
_____
_____
_____

# Yo Declaro Que Estoy Triunfando en Cristo Jesús.

*Mas a Dios gracias, el cual nos lleva siempre en triunfo en Cristo Jesús, y por medio de nosotros manifiesta en todo lugar el olor de su conocimiento.*
2 Corintios 2:14

¿Qué conocimiento te reveló Dios en tu corazón al leer este verso en voz alta?

_____
_____
_____
_____

¿Cómo te hace sentir el saber que Dios te ve de esta manera?

_____
_____
_____
_____

Pregúntale a Dios qué quiere revelarte acerca de este versículo y escribe lo que te dice.

_____
_____
_____
_____

# Yo Declaro Que Estoy Pensando Correctamente.

*Por lo demás, hermanos, todo lo que es verdadero, todo lo honesto, todo lo justo, todo lo puro, todo lo amable, todo lo que es de buen nombre; si hay virtud alguna, si algo digno de alabanza, en esto pensad.*
Filipenses 4:8

¿Qué conocimiento te reveló Dios en tu corazón al leer este verso en voz alta?

_____
_____
_____
_____

¿Cómo te hace sentir el saber que Dios te ve de esta manera?

_____
_____
_____
_____

Pregúntale a Dios qué quiere revelarte acerca de este versículo y escribe lo que te dice.

_____
_____
_____
_____

# Yo Declaro Que Estoy Teniendo una Lengua Instruida.

*Jehová el Señor me dio lengua de sabios, para saber hablar palabras al cansado; despertará mañana tras mañana, despertará mi oído para que oiga como los sabios.*
Isaías 50:4

¿Qué conocimiento te reveló Dios en tu corazón al leer este verso en voz alta?

_____
_____
_____
_____

¿Cómo te hace sentir el saber que Dios te ve de esta manera?

_____
_____
_____
_____

Pregúntale a Dios qué quiere revelarte acerca de este versículo y escribe lo que te dice.

_____
_____
_____
_____

# Yo Declaro Que Soy Templo De Dios.

*¿No sabéis que sois templo de Dios, y que el Espíritu de Dios mora en vosotros?*
1 Corintios 3:16

¿Qué conocimiento te reveló Dios en tu corazón al leer este verso en voz alta?

_____
_____
_____
_____

¿Cómo te hace sentir el saber que Dios te ve de esta manera?

_____
_____
_____
_____

Pregúntale a Dios qué quiere revelarte acerca de este versículo y escribe lo que te dice.

_____
_____
_____
_____

# Decretando Quién Soy Comenzando Con La Letra U

# Yo Declaro Que Estoy Sin Corazón De Incredulidad.

*Mirad, hermanos, que no haya en ninguno de vosotros corazón malo de incredulidad para apartarse del Dios vivo.*
Hebreos 3:12

¿Qué conocimiento te reveló Dios en tu corazón al leer este verso en voz alta?

_____
_____
_____
_____

¿Cómo te hace sentir el saber que Dios te ve de esta manera?

_____
_____
_____
_____

Pregúntale a Dios qué quiere revelarte acerca de este versículo y escribe lo que te dice.

_____
_____
_____
_____

# Yo Declaro Que Soy Usada Por Dios.

*Pero todas estas cosas las hace uno y el mismo Espíritu, repartiendo a cada uno en particular como él quiere.*
1 Corintios 12:11

¿Qué conocimiento te reveló Dios en tu corazón al leer este verso en voz alta?

___

___

___

___

¿Cómo te hace sentir el saber que Dios te ve de esta manera?

___

___

___

___

Pregúntale a Dios qué quiere revelarte acerca de este versículo y escribe lo que te dice.

___

___

___

___

# Yo Declaro Que Estoy Sin Ser Tocada Por El Maligno.

*Sabemos que todo aquel que ha nacido de Dios,
no practica el pecado, pues Aquel que fue engendrado por Dios
le guarda, y el maligno no le toca.*
1 Juan 5:18

¿Qué conocimiento te reveló Dios en tu corazón al leer este verso en voz alta?

_____
_____
_____
_____

¿Cómo te hace sentir el saber que Dios te ve de esta manera?

_____
_____
_____
_____

Pregúntale a Dios qué quiere revelarte acerca de este versículo y escribe lo que te dice.

_____
_____
_____
_____

# Yo Declaro Que Soy Redimida De La Maldición.

*Cristo nos redimió de la maldición de la ley, hecho por nosotros maldición (porque está escrito: Maldito todo el que es colgado en un madero.*
Gálatas 3:13

¿Qué conocimiento te reveló Dios en tu corazón al leer este verso en voz alta?

_____
_____
_____
_____

¿Cómo te hace sentir el saber que Dios te ve de esta manera?

_____
_____
_____
_____

Pregúntale a Dios qué quiere revelarte acerca de este versículo y escribe lo que te dice.

_____
_____
_____
_____

# Yo Declaro Que Estoy En La Unidad De La Fe.

*Hasta que todos lleguemos a la unidad de la fe y del conocimiento del Hijo de Dios, a un varón perfecto, a la medida de la estatura de la plenitud de Cristo.*
Efesios 4:13

¿Qué conocimiento te reveló Dios en tu corazón al leer este verso en voz alta?

_____
_____
_____
_____

¿Cómo te hace sentir el saber que Dios te ve de esta manera?

_____
_____
_____
_____

Pregúntale a Dios qué quiere revelarte acerca de este versículo y escribe lo que te dice.

_____
_____
_____
_____

# Yo Declaro Que Estoy Bajo Un Mejor Ministerio.

*Pero ahora tanto mejor ministerio es el suyo, cuanto es mediador de un mejor pacto, establecido sobre mejores promesas.*
Hebreos 8:6

¿Qué conocimiento te reveló Dios en tu corazón al leer este verso en voz alta?

_____
_____
_____
_____

¿Cómo te hace sentir el saber que Dios te ve de esta manera?

_____
_____
_____
_____

Pregúntale a Dios qué quiere revelarte acerca de este versículo y escribe lo que te dice.

_____
_____
_____
_____

# Yo Declaro Que Estoy Guardando La Unidad Del Espíritu.

*Solícitos en guardar la unidad del Espíritu en el vínculo de la paz.*
Efesios 4:3

¿Qué conocimiento te reveló Dios en tu corazón al leer este verso en voz alta?

_____
_____
_____
_____

¿Cómo te hace sentir el saber que Dios te ve de esta manera?

_____
_____
_____
_____

Pregúntale a Dios qué quiere revelarte acerca de este versículo y escribe lo que te dice.

_____
_____
_____
_____

# Yo Declaro Que Estoy Sin Yugo Desigual.

*No os unáis en yugo desigual con los incrédulos; porque ¿qué compañerismo tiene la justicia con la injusticia? ¿Y qué comunión la luz con las tinieblas?*
2 Corintios 6:14

¿Qué conocimiento te reveló Dios en tu corazón al leer este verso en voz alta?

_____
_____
_____
_____

¿Cómo te hace sentir el saber que Dios te ve de esta manera?

_____
_____
_____
_____

Pregúntale a Dios qué quiere revelarte acerca de este versículo y escribe lo que te dice.

_____
_____
_____
_____

# Yo Declaro Que Estoy Bajo La Gracia.

*Porque el pecado no se enseñoreará de vosotros;
pues no estáis bajo la ley, sino bajo la gracia.*
Romanos 6:14

¿Qué conocimiento te reveló Dios en tu corazón al leer este verso en voz alta?

_____
_____
_____
_____

¿Cómo te hace sentir el saber que Dios te ve de esta manera?

_____
_____
_____
_____

Pregúntale a Dios qué quiere revelarte acerca de este versículo y escribe lo que te dice.

_____
_____
_____
_____

# Yo Declaro Que Estoy Plantad@ Juntamente En La Semejanza De Su Muerte.

*Porque si fuimos plantados juntamente con él en la semejanza de su muerte, así también lo seremos en la de su resurrección.*
Romanos 6:5

¿Qué conocimiento te reveló Dios en tu corazón al leer este verso en voz alta?
_____
_____
_____
_____

¿Cómo te hace sentir el saber que Dios te ve de esta manera?
_____
_____
_____
_____

Pregúntale a Dios qué quiere revelarte acerca de este versículo y escribe lo que te dice.
_____
_____
_____
_____

# Yo Declaro Que Estoy Con La Unción Del Santo.

*Pero vosotros tenéis la unción del Santo, y conocéis todas las cosas.*
1 Juan 2:20

¿Qué conocimiento te reveló Dios en tu corazón al leer este verso en voz alta?

_____
_____
_____
_____

¿Cómo te hace sentir el saber que Dios te ve de esta manera?

_____
_____
_____
_____

Pregúntale a Dios qué quiere revelarte acerca de este versículo y escribe lo que te dice.

_____
_____
_____
_____

# Yo Declaro Que Estoy En Entendimiento Para Conocer Que El Es El Verdadero.

*Pero sabemos que el Hijo de Dios ha venido, y nos ha dado entendimiento para conocer al que es verdadero; y estamos en el verdadero, en su Hijo Jesucristo. Este es el verdadero Dios, y la vida eterna.*
1 Juan 5:20

¿Qué conocimiento te reveló Dios en tu corazón al leer este verso en voz alta?
_____
_____
_____
_____

¿Cómo te hace sentir el saber que Dios te ve de esta manera?
_____
_____
_____
_____

Pregúntale a Dios qué quiere revelarte acerca de este versículo y escribe lo que te dice.
_____
_____
_____
_____

# Decretando Quién Soy Comenzando Con La Letra V

# Yo Declaro Que Estoy En La Victoria Por Nuestro Señor Jesucristo.

*Mas gracias sean dadas a Dios, que nos da la Victoria
por medio de nuestro Señor Jesucristo.*
1 Corintios 15:57

¿Qué conocimiento te reveló Dios en tu corazón al leer este verso en voz alta?

_____
_____
_____
_____

¿Cómo te hace sentir el saber que Dios te ve de esta manera?

_____
_____
_____
_____

Pregúntale a Dios qué quiere revelarte acerca de este versículo y escribe lo que te dice.

_____
_____
_____
_____

# Yo Declaro Que Soy Valiosa.

*Pero Dios, que es rico en misericordia, por su gran amor con que nos amó.*
Efesios 2:4

¿Qué conocimiento te reveló Dios en tu corazón al leer este verso en voz alta?

_____
_____
_____
_____

¿Cómo te hace sentir el saber que Dios te ve de esta manera?

_____
_____
_____
_____

Pregúntale a Dios qué quiere revelarte acerca de este versículo y escribe lo que te dice.

_____
_____
_____
_____

# Yo Declaro Que Estoy En Manifestación Especial Del Espíritu Para El Bien De Los Demás.

*Pero a cada uno le es dada la manifestación del Espíritu para provecho.*
1 Corintios 12:7

¿Qué conocimiento te reveló Dios en tu corazón al leer este verso en voz alta?
___
___
___
___

¿Cómo te hace sentir el saber que Dios te ve de esta manera?
___
___
___
___

Pregúntale a Dios qué quiere revelarte acerca de este versículo y escribe lo que te dice.
___
___
___
___

# Yo Declaro Que Soy Virtuosa.

*Mujer virtuosa, ¿quién la hallará? Porque su estima sobrepasa largamente a la de las piedras preciosas.*
Proverbios 31:10

¿Qué conocimiento te reveló Dios en tu corazón al leer este verso en voz alta?

_____
_____
_____
_____

¿Cómo te hace sentir el saber que Dios te ve de esta manera?

_____
_____
_____
_____

Pregúntale a Dios qué quiere revelarte acerca de este versículo y escribe lo que te dice.

_____
_____
_____
_____

# Yo Declaro Que Estoy Velando Y Soy Vigilante.

*Sed sobrios, y velad; porque vuestro adversario el diablo, como león rugiente, anda alrededor buscando a quien devorar.*
1 Pedro 5:8

¿Qué conocimiento te reveló Dios en tu corazón al leer este verso en voz alta?

_____
_____
_____
_____

¿Cómo te hace sentir el saber que Dios te ve de esta manera?

_____
_____
_____
_____

Pregúntale a Dios qué quiere revelarte acerca de este versículo y escribe lo que te dice.

_____
_____
_____
_____

# Yo Declaro Que Estoy Siguiendo La Voz Del Buen Pastor.

*Y cuando ha sacado fuera todas las propias, va delante de ellas;
y las ovejas le siguen, porque conocen su voz.*
Juan 10:4

¿Qué conocimiento te reveló Dios en tu corazón al leer este verso en voz alta?

_____
_____
_____
_____

¿Cómo te hace sentir el saber que Dios te ve de esta manera?

_____
_____
_____
_____

Pregúntale a Dios qué quiere revelarte acerca de este versículo y escribe lo que te dice.

_____
_____
_____
_____

# Yo Declaro Que Estoy En La Victoria Que Vence Al Mundo.

*Porque todo lo que es nacido de Dios vence al mundo;
y esta es la victoria que ha vencido al mundo, nuestra fe.*
1 Juan 5:4

¿Qué conocimiento te reveló Dios en tu corazón al leer este verso en voz alta?

_____
_____
_____
_____

¿Cómo te hace sentir el saber que Dios te ve de esta manera?

_____
_____
_____
_____

Pregúntale a Dios qué quiere revelarte acerca de este versículo y escribe lo que te dice.

_____
_____
_____
_____

# Yo Declaro Que Estoy Recibiendo Las Visiones De Dios.

*Y en los postreros días, dice Dios, Derramaré de mi Espíritu sobre toda carne, Y vuestros hijos y vuestras hijas profetizarán; Vuestros jóvenes verán visiones, Y vuestros ancianos soñarán sueños.*
Hechos 2:17

¿Qué conocimiento te reveló Dios en tu corazón al leer este verso en voz alta?

_____
_____
_____
_____

¿Cómo te hace sentir el saber que Dios te ve de esta manera?

_____
_____
_____
_____

Pregúntale a Dios qué quiere revelarte acerca de este versículo y escribe lo que te dice.

_____
_____
_____
_____
_____

# Yo Declaro Que Soy Valiente En La Victoria.

*En Dios haremos proezas, Y él hollará a nuestros enemigos.*
Salmo 60:12

¿Qué conocimiento te reveló Dios en tu corazón al leer este verso en voz alta?

_____
_____
_____
_____

¿Cómo te hace sentir el saber que Dios te ve de esta manera?

_____
_____
_____
_____

Pregúntale a Dios qué quiere revelarte acerca de este versículo y escribe lo que te dice.

_____
_____
_____
_____

# Decretando Quién Soy Comenzando Con La Letra W

# Yo Declaro Que Estoy En Riqueza.

*Sino acuérdate de Jehová tu Dios, porque él te da el poder para hacer las riquezas, a fin de confirmar su pacto que juró a tus padres, como en este día.*
Deuteronomio 8:18

¿Qué conocimiento te reveló Dios en tu corazón al leer este verso en voz alta?

_____
_____
_____
_____

¿Cómo te hace sentir el saber que Dios te ve de esta manera?

_____
_____
_____
_____

Pregúntale a Dios qué quiere revelarte acerca de este versículo y escribe lo que te dice.

_____
_____
_____
_____

# Yo Declaro Que Soy Hechura Suya, Creado En Cristo Para Buenas Obras.

*Porque somos hechura suya, creados en Cristo Jesús para buenas obras, las cuales Dios preparó de antemano para que anduviésemos en ellas.*
Efesios 2:10

¿Qué conocimiento te reveló Dios en tu corazón al leer este verso en voz alta?

_____
_____
_____
_____

¿Cómo te hace sentir el saber que Dios te ve de esta manera?

_____
_____
_____
_____

Pregúntale a Dios qué quiere revelarte acerca de este versículo y escribe lo que te dice.

_____
_____
_____
_____

# Yo Declaro Que Estoy Habitando En La Palabra De Dios En Abundancia de Sabiduría.

*La palabra de Cristo more en abundancia en vosotros,
enseñándoos y exhortándoos unos a otros en toda sabiduría,
cantando con gracia en vuestros corazones al Señor
con salmos e himnos y cánticos espirituales.*
Colosenses 3:16

¿Qué conocimiento te reveló Dios en tu corazón al leer este verso en voz alta?

_____
_____
_____
_____

¿Cómo te hace sentir el saber que Dios te ve de esta manera?

_____
_____
_____
_____

Pregúntale a Dios qué quiere revelarte acerca de este versículo y escribe lo que te dice.

_____
_____
_____
_____
_____

# Yo Declaro Que Estoy Dando Testimonio Desde El Principio.

*Y vosotros daréis testimonio también, porque habéis estado conmigo desde el principio.*
Juan 15:27

¿Qué conocimiento te reveló Dios en tu corazón al leer este verso en voz alta?

_____
_____
_____
_____

¿Cómo te hace sentir el saber que Dios te ve de esta manera?

_____
_____
_____
_____

Pregúntale a Dios qué quiere revelarte acerca de este versículo y escribe lo que te dice.

_____
_____
_____
_____
_____

# Yo Declaro Que Estoy Lleno De La Palabra De Dios Viva Y Eficaz.

*Porque la palabra de Dios es viva y eficaz, y más cortante  
que toda espada de dos filos; y penetra hasta partir el alma y el espíritu,  
las coyunturas y los tuétanos, y discierne los pensamiento  
y las intenciones del corazón.*  
Hebreos 4:12

¿Qué conocimiento te reveló Dios en tu corazón al leer este verso en voz alta?

_____

_____

_____

_____

¿Cómo te hace sentir el saber que Dios te ve de esta manera?

_____

_____

_____

_____

Pregúntale a Dios qué quiere revelarte acerca de este versículo y escribe lo que te dice.

_____

_____

_____

_____

# Yo Declaro Que Soy Lavado De Mis Pecados Con La Sangre De Cristo Jesús.

*Y de Jesucristo el testigo fiel, el primogénito de los muertos, y el soberano de los reyes de la tierra. Al que nos amó, y nos lavó de nuestros pecados con su sangre.*
Apocalipsis 1:5

¿Qué conocimiento te reveló Dios en tu corazón al leer este verso en voz alta?

_____

_____

_____

_____

¿Cómo te hace sentir el saber que Dios te ve de esta manera?

_____

_____

_____

_____

Pregúntale a Dios qué quiere revelarte acerca de este versículo y escribe lo que te dice.

_____

_____

_____

_____

_____

# Yo Declaro Que Tengo Acceso A Abundante Sabiduría.

*Y si alguno de vosotros tiene falta de sabiduría, pídala a Dios, el cual da a todos abundantemente y sin reproche, y le será dada.*
Santiago 1:5

¿Qué conocimiento te reveló Dios en tu corazón al leer este verso en voz alta?

_____
_____
_____
_____

¿Cómo te hace sentir el saber que Dios te ve de esta manera?

_____
_____
_____
_____

Pregúntale a Dios qué quiere revelarte acerca de este versículo y escribe lo que te dice.

_____
_____
_____
_____

# Yo Declaro Que Estoy Caminando En Fe.

*Porque por fe andamos, no por vista.*
2 Corintios 5:7

¿Qué conocimiento te reveló Dios en tu corazón al leer este verso en voz alta?

_____
_____
_____
_____

¿Cómo te hace sentir el saber que Dios te ve de esta manera?

_____
_____
_____
_____

Pregúntale a Dios qué quiere revelarte acerca de este versículo y escribe lo que te dice.

_____
_____
_____
_____

# Yo Declaro Que Estoy Llena De Ciencia En Consejos.

*Yo, la sabiduría, habito con la cordura,*
*Y hallo la ciencia de los consejos.*
Proverbios 8:12

¿Qué conocimiento te reveló Dios en tu corazón al leer este verso en voz alta?

_____
_____
_____
_____

¿Cómo te hace sentir el saber que Dios te ve de esta manera?

_____
_____
_____
_____

Pregúntale a Dios qué quiere revelarte acerca de este versículo y escribe lo que te dice.

_____
_____
_____
_____
_____

# Yo Declaro Que Estoy Usando Las Armas Poderosas En Dios Para La Destrucción De Fortalezas.

*Porque las armas de nuestra milicia no son carnales, sino poderosas en Dios para la destrucción de fortalezas.*
2 Corintios 10:4

¿Qué conocimiento te reveló Dios en tu corazón al leer este verso en voz alta?

_____
_____
_____
_____

¿Cómo te hace sentir el saber que Dios te ve de esta manera?

_____
_____
_____
_____

Pregúntale a Dios qué quiere revelarte acerca de este versículo y escribe lo que te dice.

_____
_____
_____
_____

# Yo Declaro Que Estoy Sacudiendo a Mis Enemigos.

*Por medio de ti sacudiremos a nuestros enemigos;*
*En tu nombre hollaremos a nuestros adversarios.*
Salmo 44:5

¿Qué conocimiento te reveló Dios en tu corazón al leer este verso en voz alta?

_____
_____
_____
_____

¿Cómo te hace sentir el saber que Dios te ve de esta manera?

_____
_____
_____
_____

Pregúntale a Dios qué quiere revelarte acerca de este versículo y escribe lo que te dice.

_____
_____
_____
_____

# Yo Declaro Que Soy Creación Admirable Y Maravillosa.

*Por medio de ti sacudiremos a nuestros enemigos;
En tu nombre hollaremos a nuestros adversarios.*
Salmo 139:14

¿Qué conocimiento te reveló Dios en tu corazón al leer este verso en voz alta?

_____
_____
_____
_____

¿Cómo te hace sentir el saber que Dios te ve de esta manera?

_____
_____
_____
_____

Pregúntale a Dios qué quiere revelarte acerca de este versículo y escribe lo que te dice.

_____
_____
_____
_____

# Yo Declaro Que Soy Sin Mancha.

*Según nos escogió en él antes de la fundación del mundo, para que fuésemos santos y sin mancha delante de él.*
Efesios 1:4

¿Qué conocimiento te reveló Dios en tu corazón al leer este verso en voz alta?

_____
_____
_____
_____

¿Cómo te hace sentir el saber que Dios te ve de esta manera?

_____
_____
_____
_____

Pregúntale a Dios qué quiere revelarte acerca de este versículo y escribe lo que te dice.

_____
_____
_____
_____
_____

# Yo Declaro Que Estoy Sirviendo a Dios y Adorando.

*Porque nosotros somos la circuncisión, los que en espíritu servimos a Dios y nos gloriamos en Cristo Jesús, no teniendo confianza en la carne.*
Filipenses 3:3

¿Qué conocimiento te reveló Dios en tu corazón al leer este verso en voz alta?

_____
_____
_____
_____

¿Cómo te hace sentir el saber que Dios te ve de esta manera?

_____
_____
_____
_____

Pregúntale a Dios qué quiere revelarte acerca de este versículo y escribe lo que te dice.

_____
_____
_____
_____

# Yo Declaro Que Soy Un Hacedor De Lo Que Sea Verdadero Y Justo.

*Por lo demás, hermanos, todo lo que es verdadero, todo lo honesto, todo lo justo, todo lo puro, todo lo amable, todo lo que es de buen nombre; si hay virtud alguna, si algo digno de alabanza, en esto pensad.*
Filipenses 4:8

¿Qué conocimiento te reveló Dios en tu corazón al leer este verso en voz alta?

_____
_____
_____
_____

¿Cómo te hace sentir el saber que Dios te ve de esta manera?

_____
_____
_____
_____

Pregúntale a Dios qué quiere revelarte acerca de este versículo y escribe lo que te dice.

_____
_____
_____
_____

# Yo Declaro Que Estoy Bien Capacitada en Cristo.

*Por lo cual asimismo padezco esto; pero no me avergüenzo, porque yo sé a quién he creído, y estoy Seguro que es poderoso para guardar mi depósito para aquel día.*
2 Timoteo 1:12

¿Qué conocimiento te reveló Dios en tu corazón al leer este verso en voz alta?

_____
_____
_____
_____

¿Cómo te hace sentir el saber que Dios te ve de esta manera?

_____
_____
_____
_____

Pregúntale a Dios qué quiere revelarte acerca de este versículo y escribe lo que te dice.

_____
_____
_____
_____

# Decretando Quién Soy Comenzando Con La Letra X

# Yo Declaro Que Soy Un Beneficiario De Las Preciosas y Grandísimas Promesas De Dios.

*Por medio de las cuales nos ha dado preciosas y grandísimas promesas, para que por ellas llegaseis a ser participantes de la naturaleza divina, habiendo huido de la corrupción que hay en el mundo a causa de la concupiscencia.*
2 Pedro 1:4

¿Qué conocimiento te reveló Dios en tu corazón al leer este verso en voz alta?

_____
_____
_____
_____

¿Cómo te hace sentir el saber que Dios te ve de esta manera?

_____
_____
_____
_____

Pregúntale a Dios qué quiere revelarte acerca de este versículo y escribe lo que te dice.

_____
_____
_____
_____

# Yo Declaro Que Estoy En El Pacto De Saber Que Dios Es Capaz De Hacer Mucho Más Y Más Allá De Todo Lo Que Pueda Pedir O Imaginar.

*Y a Aquel que es poderoso para hacer todas las cosas mucho más abundantemente de lo que pedimos o entendemos, según el poder que actúa en nosotros.*
Efesios 3:20

¿Qué conocimiento te reveló Dios en tu corazón al leer este verso en voz alta?

_____
_____
_____
_____

¿Cómo te hace sentir el saber que Dios te ve de esta manera?

_____
_____
_____
_____

Pregúntale a Dios qué quiere revelarte acerca de este versículo y escribe lo que te dice.

_____
_____
_____
_____

# Yo Declaro Que Estoy Abundando En La Construcción De La Iglesia.

*Así también vosotros; pues que anheláis dones espirituales, procurad abundar en ellos para edificación de la iglesia.*
1 Corintios 14:12

¿Qué conocimiento te reveló Dios en tu corazón al leer este verso en voz alta?

_____
_____
_____
_____

¿Cómo te hace sentir el saber que Dios te ve de esta manera?

_____
_____
_____
_____

Pregúntale a Dios qué quiere revelarte acerca de este versículo y escribe lo que te dice.

_____
_____
_____
_____

# Yo Declaro Que Estoy Escuchando Cosas Excelentes.

*Oíd, porque hablaré cosas excelentes,
Y abriré mis labios para cosas rectas.*
Proverbios 8:6

¿Qué conocimiento te reveló Dios en tu corazón al leer este verso en voz alta?

_____
_____
_____
_____

¿Cómo te hace sentir el saber que Dios te ve de esta manera?

_____
_____
_____
_____

Pregúntale a Dios qué quiere revelarte acerca de este versículo y escribe lo que te dice.

_____
_____
_____
_____

# Decretando Quién Soy Comenzando Con La Letra Y

# Yo Declaro Que Estoy Enseñada Desde Mi Mocedad; Y Hasta Ahora He Manifestando Las Maravillas De Dios.

*Oh Dios, me enseñaste desde mi juventud,*
*Y hasta ahora he manifestado tus maravillas.*
Salmo 71:17

¿Qué conocimiento te reveló Dios en tu corazón al leer este verso en voz alta?

_____
_____
_____
_____

¿Cómo te hace sentir el saber que Dios te ve de esta manera?

_____
_____
_____
_____

Pregúntale a Dios qué quiere revelarte acerca de este versículo y escribe lo que te dice.

_____
_____
_____
_____

# Yo Declaro Que Estoy Cediendo En Obediencia.

*¿No sabéis que si os sometéis a alguien como esclavos para obedecerle, sois esclavos de aquel a quien obedecéis, sea del pecado para muerte, o sea de la obediencia para justicia?*
Romanos 6:16

¿Qué conocimiento te reveló Dios en tu corazón al leer este verso en voz alta?

_____
_____
_____
_____

¿Cómo te hace sentir el saber que Dios te ve de esta manera?

_____
_____
_____
_____

Pregúntale a Dios qué quiere revelarte acerca de este versículo y escribe lo que te dice.

_____
_____
_____
_____

# Yo Declaro Que Soy Ayuda Con Los Que Trabajan En El Evangelio.

*Asimismo te ruego también a ti, compañero fiel, que ayudes a éstas que combatieron juntamente conmigo en el evangelio, con Clemente también y los demás colaboradores míos, cuyos nombres están en el libro de la vida.*
Filipenses 4:3

¿Qué conocimiento te reveló Dios en tu corazón al leer este verso en voz alta?

_____
_____
_____
_____

¿Cómo te hace sentir el saber que Dios te ve de esta manera?

_____
_____
_____
_____

Pregúntale a Dios qué quiere revelarte acerca de este versículo y escribe lo que te dice.

_____
_____
_____
_____

# Yo Declaro Que Estoy Corriendo Sin Cansarme, Y Caminando Sin Fatigarme.

*Pero los que esperan a Jehová tendrán nuevas fuerzas;
levantarán alas como las águilas; correrán, y no se cansarán;
caminarán, y no se fatigarán.*
Isaías 40:31

¿Qué conocimiento te reveló Dios en tu corazón al leer este verso en voz alta?

_____
_____
_____
_____

¿Cómo te hace sentir el saber que Dios te ve de esta manera?

_____
_____
_____
_____

Pregúntale a Dios qué quiere revelarte acerca de este versículo y escribe lo que te dice.

_____
_____
_____
_____

# Yo Declaro Que Soy Rejuvenecida Como El Águila.

*El que sacia de bien tu boca
De modo que te rejuvenezcas como el águila.*
Salmo 103:5

¿Qué conocimiento te reveló Dios en tu corazón al leer este verso en voz alta?

_____
_____
_____
_____

¿Cómo te hace sentir el saber que Dios te ve de esta manera?

_____
_____
_____
_____

Pregúntale a Dios qué quiere revelarte acerca de este versículo y escribe lo que te dice.

_____
_____
_____
_____
_____

# Yo Declaro Que Estoy En Yugo Con Jesús Y Descansando En El.

*Venid a mí todos los que estáis trabajados y cargados,
y yo os haré descansar.*
Mateo 11:28

¿Qué conocimiento te reveló Dios en tu corazón al leer este verso en voz alta?

_____
_____
_____
_____

¿Cómo te hace sentir el saber que Dios te ve de esta manera?

_____
_____
_____
_____

Pregúntale a Dios qué quiere revelarte acerca de este versículo y escribe lo que te dice.

_____
_____
_____
_____
_____

# Yo Declaro Que Estoy En Vida Y Soy Instrumento De Justicia.

*Ni tampoco presentéis vuestros miembros al pecado como instrumentos de iniquidad, sino presentaos vosotros mismos a Dios como vivos de entre los muertos, y vuestros miembros a Dios como instrumentos de justicia.*
Romanos 6:13

¿Qué conocimiento te reveló Dios en tu corazón al leer este verso en voz alta?

_____
_____
_____
_____

¿Cómo te hace sentir el saber que Dios te ve de esta manera?

_____
_____
_____
_____

Pregúntale a Dios qué quiere revelarte acerca de este versículo y escribe lo que te dice.

_____
_____
_____
_____

# Decretando Quién Soy Comenzando Con La Letra Z

# Yo Declaro Que Soy Celoso De Buenas Obras.

*Quien se dio a sí mismo por nosotros para redimirnos de toda iniquidad y purificar para sí un pueblo propio, celoso de buenas obras.*
Tito 2:14

¿Qué conocimiento te reveló Dios en tu corazón al leer este verso en voz alta?

_____
_____
_____
_____

¿Cómo te hace sentir el saber que Dios te ve de esta manera?

_____
_____
_____
_____

Pregúntale a Dios qué quiere revelarte acerca de este versículo y escribe lo que te dice.

_____
_____
_____
_____

# Yo Declaro Que Estoy En Zion (Sión) - La Morada De Dios.

*Como el rocío de Hermón, Que desciende sobre los montes de Sion; Porque allí envía Jehová bendición, Y vida eterna.*
Salmo 133:3

¿Qué conocimiento te reveló Dios en tu corazón al leer este verso en voz alta?

_____
_____
_____
_____

¿Cómo te hace sentir el saber que Dios te ve de esta manera?

_____
_____
_____
_____

Pregúntale a Dios qué quiere revelarte acerca de este versículo y escribe lo que te dice.

_____
_____
_____
_____

# Yo Declaro Que Estoy En Fervor Por Servir A Dios.

*Quien se dio a sí mismo por nosotros para redimirnos de toda iniquidad y purificar para sí un pueblo propio, celoso de buenas obras.*
Tito 2:14

¿Qué conocimiento te reveló Dios en tu corazón al leer este verso en voz alta?

_____

_____

_____

_____

¿Cómo te hace sentir el saber que Dios te ve de esta manera?

_____

_____

_____

_____

Pregúntale a Dios qué quiere revelarte acerca de este versículo y escribe lo que te dice.

_____

_____

_____

_____

# Yo Declaro Que Estoy Lista Con Los Zapatos En Mis Pies.

*Y así habéis de comerlo: ceñidos vuestros lomos, vuestros zapatos en vuestros pies, y vuestro bordón en vuestra mano; y lo comeréis apresuradamente: es la Pascua de Jehová.*
Éxodo 12:11

¿Qué conocimiento te reveló Dios en tu corazón al leer este verso en voz alta?

_____
_____
_____
_____

¿Cómo te hace sentir el saber que Dios te ve de esta manera?

_____
_____
_____
_____

Pregúntale a Dios qué quiere revelarte acerca de este versículo y escribe lo que te dice.

_____
_____
_____
_____

# Yo Declaro Que Tengo Dones Y Los Uso Para La Edificación De La Iglesia.

*Así también vosotros; pues que anheláis dones espirituales, procurad abundar en ellos para edificación de la iglesia.*
1 Corintios 14:12

¿Qué conocimiento te reveló Dios en tu corazón al leer este verso en voz alta?

_____
_____
_____
_____

¿Cómo te hace sentir el saber que Dios te ve de esta manera?

_____
_____
_____
_____

Pregúntale a Dios qué quiere revelarte acerca de este versículo y escribe lo que te dice.

_____
_____
_____
_____

# Yo Declaro Que Soy Zoe - Llena De Vida.

*El ladrón no viene sino para hurtar y matar y destruir; yo he venido para que tengan vida, y para que la tengan en abundancia.*
Juan 10:10

¿Qué conocimiento te reveló Dios en tu corazón al leer este verso en voz alta?

_____
_____
_____
_____

¿Cómo te hace sentir el saber que Dios te ve de esta manera?

_____
_____
_____
_____

Pregúntale a Dios qué quiere revelarte acerca de este versículo y escribe lo que te dice.

_____
_____
_____
_____
_____

# Yo Declaro Que Estoy Enseñada En El Pasaje De La Zarza.

*Y que los muertos hayan de resucitar, aun Moisés lo enseñó en el pasaje de la zarza, cuando llama al Señor: Dios de Abraham, y Dios de Isaac, y Dios de Jacob.*
Lucas 20:37

¿Qué conocimiento te reveló Dios en tu corazón al leer este verso en voz alta?

_____
_____
_____
_____

¿Cómo te hace sentir el saber que Dios te ve de esta manera?

_____
_____
_____
_____

Pregúntale a Dios qué quiere revelarte acerca de este versículo y escribe lo que te dice.

_____
_____
_____
_____

# Yo Declaro Que Soy Fervoroso, Me He Arrepentido Y He Cambiado Mis Caminos.

*Yo reprendo y castigo a todos los que amo;
sé, pues, celoso, y arrepiéntete.*
Apocalipsis 3:19

¿Qué conocimiento te reveló Dios en tu corazón al leer este verso en voz alta?

_____
_____
_____
_____

¿Cómo te hace sentir el saber que Dios te ve de esta manera?

_____
_____
_____
_____

Pregúntale a Dios qué quiere revelarte acerca de este versículo y escribe lo que te dice.

_____
_____
_____
_____

# Oracion De Salvacion

Padre Celestial, vengo a ti en el Nombre de Jesús. Tu Palabra dice: *"Aquel que invocare el nombre del Señor, será salvo."* Hechos 2:21. Hoy estoy ante ti y te pido ayuda. Oro y le pido a Jesús que entre en mi corazón. Reina sobre mi corazón de acuerdo con Romanos 10:9-10 *"¿Y cuál es el "mensaje vivo" de Dios? Es la revelación de la fe para la salvación, que es el mensaje que predicamos. Porque si declaras públicamente con tu boca que Jesús es el Señor y crees en tu corazón que Dios lo levantó de los muertos, experimentarás la salvación. El corazón que cree en él recibe el don de la justicia de Dios, y luego la boca da gracias y se confiesa para la salvación."* Hago eso ahora. Creo en mi corazón que Dios lo levantó de entre los muertos y confieso que Jesús es Señor. ¡Ahora nací de nuevo! Soy cristiano, - Elegido como hijo de Dios Todopoderoso!

Tu palabra también dice, *"Pues, si ustedes, aun siendo malos, saben dar cosas buenas a sus hijos, ¡cuánto más el Padre celestial dará el Espíritu Santo a quienes se lo pidan!"* Lucas 11:13 Te pido que me llenes del Espíritu Santo. Espíritu Santo, levántate dentro de mí mientras alabo a Dios. Espero hablar en otras lenguas a medida que me das expresión. *"Todos fueron llenos del Espíritu Santo y comenzaron a hablar en diferentes lenguas, según el Espíritu les concedía expresarse."* Hechos 2:4

Ahora, adore y alabe a Dios mientras está lleno del Espíritu Santo y habla en su idioma celestial u otras lenguas.

# Sobre El Autor: Lucia Claborn

Como la mayoría de las personas, Lucia Claborn se ha enfrentado a muchos desafíos en su vida; Sin embargo, ha aprendido a confiar en el poder Y la AUTORIDAD de Jesucristo, haciendo de la palabra de Dios su autoridad final en la vida. Sabe que Dios es más que suficiente para satisfacer todas sus necesidades; y Jesús es el mismo ayer, hoy y mañana.

Ella está firmemente arraigada en el hecho de que Jesús vino a traer vida y vida en abundancia. Ella cree que la palabra hablada tiene poder y que Dios le da a Sus Hijos la autoridad para caminar en dominio, gobernar y reinar en su mundo. El deseo de su corazón es enseñar a las personas a mantenerse firmes en la Palabra de Dios, DECRETAR Y DECLARAR la existencia de su mundo deseado y liberar su fe para recibir los deseos de su corazón. Ella anima a otros a vivir una vida victoriosa cambiando sus PENSAMIENTOS y PALABRAS negativas por DECLARACIONES positivas y llenas de fe. Cualquiera que sea la montaña en tu vida, puedes vencerla con la Sangre del Cordero y la palabra de tu testimonio.

Lucía lleva más de 30 años escribiendo y ha sido publicada en numerosos periódicos, revistas y publicaciones periódicas. Está casada con Danny y tienen cuatro hijos adultos: Daniel (Magen), McKenzie (Jake), Emily (Tyler) y Katie; dos nietos, Brantley y Jackson. Tienen su hogar en Alabama.

# Acerca De Este Libro

Si quieres cambiar el mundo, ¡cambia lo que dices! Los decretos de fe "Yo soy" en este libro te dará una mejor comprensión de quién eres en Jesucristo. A medida que decretas los versículos con fe construirás en Dios la fortaleza y confianza para caminar en victoria en las diferentes áreas de tu vida. Conforme contestas las preguntas de cada verso podrás aprender a verte a ti mismo como Dios te ve y lo que dice de ti en su palabra.

Estas son las promesas de quien dice Dios que tú eres, como hij@ de Dios cuando naces de nuevo. Salmos 81:10 en la versión NBV dice *"Yo soy el Señor tu Dios, quien te sacó de la tierra de Egipto. ¡Pruébame! Abre bien la boca, y verás si no la lleno. ¡Recibirás toda la bendición que necesites!!"* – NBV

Cuando decretas las promesas de Dios de SU PALABRA sobre tu vida y tu familia, produces cosecha de riqueza y plenitud de vida eterna a tu vida aún mientras estás aquí en la tierra.

La Palabra de Dios no solo describe su glorioso futuro, ¡También es el medio designado por Dios para crear el futuro que desea para ti y tu familia!

Al decretar la Palabra de Dios sobre tu vida y tu familia, no regresarás con las manos vacías. Producirá una gran cosecha según Isaías 55: 10-11 el cual dice: *"Porque como desciende de los cielos la lluvia y la nieve, y no vuelve allá, sino que riega la tierra, y la hace germinar y producir, y da semilla al que siembra, y pan al que come, así será mi palabra que sale de mi boca; no volverá a mí vacía, sino que hará lo que yo quiero, y será prosperada en aquello para que la envié."* - *RVR1960*

# Otros Productos

**Traducido al Español**
ABC's De Quien Soy
ABC's De Quien Soy Diaro
En Vispars De Tu Victoria


**English Translation**
ABC's of Who I Am
ABC's of Who I Am Journal
Your Victory In The Making


**Podcast**
Secrets to Victorious Living